LA TIERRA Y EL HOMBRE

LA TIERRA Y EL HOMBRE

a punto de ser liberados

Eddie Cruz

Número de Control de la Biblioteca del Congreso de EE. UU.:   2014906426
ISBN: Tapa Dura   978-1-4633-8207-0
                 Tapa Blanda   978-1-4633-8206-3
                 Libro Electrónico   978-1-4633-8205-6

Para realizar pedidos de este libro, contacte con:
Palibrio LLC
1663 Liberty Drive, Suite 200
Bloomington, IN 47403
Gratis desde EE. UU. al 877.407.5847
Gratis desde México al 01.800.288.2243
Gratis desde España al 900.866.949
Desde otro país al +1.812.671.9757
Fax: 01.812.355.1576
ventas@palibrio.com
619075

ÍNDICE

TRÁFICO HUMANO, Y AMENAZA DE EXTERMINIO PARA LA TIERRA Y LA RAZA HUMANA.
91

RAZONES DEL FRACASO DEL HOMBRE: DESOBEDECER A DIOS. UN MALVADO SE HACE GOBERNANTE A ASIMISMO Y SE LE PERMITE GOBERNAR PARA QUE PRUEBE SUS ALEGACIONES DE SER MEJOR GOBERNANTE.
109

PESE A LOS PELIGROS A QUE NOS ENFRENTAMOS, LA TIERRA NO SERÁ DESTRUIDA Y LA VIDA CONTINUARÁ PARA SIEMPRE, ASÍ COMO LOS HUMANOS QUE SE PREPAREN PARA SOBREVIVIR AL FIN DE LA MALDAD.
141

NO ESTAMOS PERDIDOS, HAY BUENAS NOTICIAS
DE PARTE DE DIOS. MUY PRONTO SE AJUSTICIARÁ A
BABILONIA LA GRANDE, Y JESUCRISTO PONDRÁ FIN A
LOS QUE ESTÁN ARRUINANDO LA TIERRA.
191

¿QUÉ HACER PARA SOBREVIVIR?
¿TENEMOS MUCHO TIEMPO TODAVÍA?
¿TENEMOS QUE HACER CAMBIOS?
¿PODEMOS CONFIAR EN EL PERDÓN DE DIOS?
249

¿CÓMO SERÁ LA VIDA EN EL NUEVO MUNDO?
IMAGINÉMOSLO A CONTINUACIÓN EN: REALIDADES
DEL MAÑANA.
305

CONTRASTE CON EL MUNDO ACTUAL
337

Prologo

Estimado lector, «La tierra y el hombre» está dedicado a toda persona que ama la vida, y por tan hermosa razón, le preocupa la condición de nuestro planeta, el fracaso del hombre como gobernante y un sinnúmero de problemas que que nos afectan a todos, y el hombre es impotente ante ellos.
Desde el mismo principio de la historia el hombre ha sentido la necesidad de libertad, de seguridad, armonía, de amar y ser amado. Pero estas cosas parecen no estar a su alcance. Desde el primer asesinato, la muerte del tercer hombre en la historia, la humanidad está sufriendo opresión, miedo, injusticia de toda clase. Los pueblos se han rebelado en busca de libertad; han derramado su sangre, entregado sus vidas en busca de un mundo mejor y cada vez parece estar más lejos la esperanza de ver la luz que ilumine sus vidas. Las guerras han hecho masacres, cubriendo los campos de cadáveres empapando la tierra de sangre.
Todo esfuerzo es inútil. La Tierra está siendo arruinada. La vida misma está amenazada con desaparecer. Hacen grandes reuniones los científicos preocupados por el daño del medioambiente y nada se logra. Aún así seis toneladas de desechos son arrojadas al mar cada año a sabiendas de todo el daño que causa, como el petróleo derramado, el daño al ozono, y muchísimas cosa más que son conocidas de todos, por lo que no vale la pena ponerme a recolectar datos que están en tantos periódicos

y revistas de todo el mundo

La Tierra está enferma. Los médicos a su cabecera
discuten las medidas a tomar pero no se ponen de
acuerdo y el paciente sigue agravándose.
Unos alegan que está muy grave, otros dicen que no
hay peligro y algunos que no es para tanto, en tanto
no se despacha la medicina. Cuando llegan a algún
acuerdo solo queda en papeles o a los pocos días son
violados dichos acuerdos y seguimos arando en el
mar o corriendo tras el viento. ¿Habrá alguna mano
malvada invisible estropeando los planes y acuerdos
que hacemos? Realmente ¿arruinará el hombre al
planeta tierra? ¿Llegará el día en que veamos
nuestra tierra libre de contaminantes? ¿Tendremos
la oportunidad de ver la familia humana libre del
odio, la discriminación, la opresión, la injusticia,
y el miedo? ¿Algún día disfrutaremos la vida
llena de actividades satisfacientes? ¿Estaremos
libres de las injusticias en toda la tierra? Si
fuera posible todo esto ¿cómo viviremos y
cuándo y cómo será ese cambio?
Cada poema que lea le va a ir despejando la dudas
y comprendiendo el por qué del fracaso del hombre.
Hallará respuestas a todas estas preguntas y
a otras más. Es mi deseo sincero que la lectura
de «La Tierra y el hombre» le ayude a ver por
qué el hombre ha fracasado y que realmente
la tierra y el hombre están a punto
de ser liberados.

Eddie R. Cruz

Dedicatoria

PROBLEMAS A LOS QUE
EL HOMBRE SE ENFRENTA
SIN PODER SOLUCIONAR
Y QUE NUNCA PODRÁ.
¿CUALES SON? ¿POR QUÉ
EXISTEN? ¿POR QUÉ NO
LOS RESUELVE? ¿CÓMO
SE RESOLVERÁN?

¿Por qué el hombre ha fracasado?

El hombre y la tierra están sufriendo
a causa de la opresión que los consume;
pero en el cielo la justicia está diciendo
que va hacer que pronto el opresor se esfume.

Desde antaño la creación se ha ido arruinando
hasta el punto que amenaza su existencia;
por un lado, el hombre gobernando
y por otro, el doble filo de la ciencia.

Ya los pueblos están artos de luchar
mientras siguen sumidos bajo el yugo;
como esclavos que no pueden escapar,
haciendo la voluntad de su verdugo.

El gobierno del hombre es marioneta
de un oculto y malvado gobernante
que se propone arruinar nuestro planeta
conociendo su derrota, ya apremiante.

Se han firmado montones de acuerdos
en reuniones prestigiosas de hombres sabios
y a la semana ya están en desacuerdo;
parecen propuestas tan solo de labios.

¿Habrá algún genio maligno arruinando
los acuerdos de nuestras naciones?
¿Habrá una mano invisible minando
con sus trampas nuestras decisiones?

Esto se preguntan algunos pensando,
como lógico fruto de sus reflexiones;
pero la madeja se sigue enredando
y no se realizan nuestras ilusiones.

Los enemigos de la paz se multiplican,
a pesar de soñar con el desarme;
los que fabrican las armas glorifican
el espíritu del hombre que se arme.

No basta el profundo dolor que han sufrido
las madres que pierden sus hijos en la guerra;
ni les importan las veces que han teñido
el suelo con sangre, abonando la tierra.

No basta la angustia en millones de niños
que pierden sus padres en tal sacrificio;
perdiendo su abrigo, su amor y cariño,
quedando a merced de un mundo sin juicio.

Hipnotizan a los pueblos con promesas
que no están al alcance de sus manos;
como el sueño de acabar con la pobreza
y que crezcan los niños seguros y sanos.

Quizás sientan las mejores intensiones,
y se esfuercen trabajando por lo bueno;
pero siempre se atraviesan opiniones
de colegas, cuya mente es un veneno.

De nada vale que alguien quiera mejorar
un mundo que se desploma moralmente;
cual tormenta enfrentada en alta mar
en un barco sin timón, sin dirigente.

Cuando aparece un hombre bueno a gobernar,
vienen estos que se oponen a sus planes,
porque solo pretenden su gloria amasar
y son para los pueblos meros alacranes.

Y así, han pasado seis mil años, ¡qué largos!
Como esclavos arrastrando sus cadenas,
bebiendo los tragos más amargo;
sin hallar absolución a su condena.

La guerra ha sido un asesino permanente.
Las enfermedades se ven dondequiera;
el hambre que azota en cada continente
y el soborno pone en alto su bandera.

Ya es el robo y el secuestro una pandemia,
una plaga tan dañina como el sida;
como expertos graduados de academia,
y nosotros, atrapados sin salida.

El temor se apodera de la gente,
no le importa que sean pobres o ricos;
invade la Tierra de Oriente a Occidente
tensando los nervios que los hace añicos.

En otro frente los desastres naturales,
tsunamis, terremotos y huracanes,
los temibles aguaceros torrenciales;
y las grandes sequías: ¡golpes de titanes!

Emigran del campo a la ciudad

Muchos campos han quedado abandonados
por los campesinos que buscan mejor vida;
de sequías, plagas y robos, se han cansado,
y las ciudades les dieron acogida.

Miraron la ciudad como algo hermoso
y un magnifico lugar de protección;
un modo de vivir más decoroso
y mayor facilidad de educación.

Ya no tendría que mojarse trabajando,
si la lluvia le cayera por sorpresa,
ni tendría que pasar horas velando
su ganado, que podría ser una presa.

Tampoco robarían de su maíz,
sus caballos, sus ovejas y sus aves;
ahora en la ciudad podía vivir feliz
creyendo asegurar todas las claves.

Ya viviendo en la ciudad iluminada
sus hijos son llevados a la escuela;
y la vida bulliciosa y agitada
cobrando mejoras con dura secuela.

No dispone de su tiempo como antes,
y perdió la libertad que disfrutaba;
esta vida no parece tan brillante,
como cuando desde el campo se miraba.

Ciertamente tiene cerca un hospital,
el correo, un mercado y la farmacia,
pero no puede disfrutar un buen panal
de las colmenas perdidas, ¡qué falacia!

En su campo bebía la leche pura,
de su vaca preferida, la mejor;
la que bebe en la ciudad le sabe impura
y parece que la bebe con rigor.

Alimentos cosechados por él mismo
alimentaban su familia diariamente;
el que compra en el mercado no es lo mismo,
su pureza y atención son diferente.

La amistad entre la gente no es igual;
en los campos no abundaba la malicia.
La ciudad vive un ambiente artificial;
la propaganda que promueve la codicia.

Se ha cambiado aquella vida sosegada
del campo natural, apacible y sereno,
por la vida bulliciosa y agitada
donde se respira prejuicio y veneno.

Los que han emigrado del campo a la ciudad,
en algunos aspectos mejoraron
pero perdieron la dulce libertad,
aquella libertad en que se criaron.

En las grandes ciudades el crimen abunda;
son guaridas del atraco y la violencia.
Cualquier día puede que alguien se confunda
y las balas no tienen preferencia.

El refugio que esperaban no era cierto,
hay tensiones, restricciones y bullicio;
en contraste con el campo, un desconcierto;
¡albergue inmundo de corrupción y vicio!

Hay ciertas comodidades, innegables,
que disfruta tanto el malo como el bueno:
el transporte de autobuses confortables
y la atención inmediata del galeno.

El transporte del campo es el coche
que por uno o dos caballos es tirado;
aceptado por la novia sin reproche
al pasear con su loco enamorado.

El caballo también es un elegante
y antiquísimo transporte campesino;
con carácter imponente y desafiante,
no le teme a la distancia del camino.

Aunque el mundo en desarrollo exige más,
el caballo nunca faya, sigue fiel;
si el mundo moderno prefiere echarlo atrás,
el campesino siempre contará con él.

Ni el campo ni la ciudad ya nos complacen,
dondequiera hay sufrimientos y problemas;
la juventud y la vida se deshacen
en este mundo triste bajo su anatema.

Degradación social sin precedente

Las prisiones atestadas de reclusos
evidencian la catástrofe social;
y otros miles no denuncian los abusos
porque temen la sentencia capital.

Los niveles de conducta han descendido
hasta un grado sumamente deplorable;
tal parece que se han sustituido
por las normas que fueron detestables.

Cuando los viejos imperios declinaban,
como vemos declinando las naciones,
su derrumbe ineludible presagiaban,
cual profetas con firmes convicciones.

Cuando Sodoma y Gomorra descendieron
a niveles tan bajos de moral;
dos mensajeros del cielo vinieron
castigándolas con un drástico final.

Y la asesina ciudad de la violencia,
capital de la Asiria inclemente,
Nínive, obtuvo su justa sentencia;
por su derrame de sangre inocente.

La ciudad amurallada ¡inexpugnable!
Engreída en su vano poderío,
la hizo sumamente vulnerable
un boquete ocasionado por el río.

En los últimos años de roma
el corazón del imperio estaba herido;
sus fundamentos roídos por carcoma
de los vicios y un ambiente podrido.

Las normas morales ya han tocado fondo
y la vida, tristemente, es baratija;
el desafuero ha llegado tan hondo
que no es extraño que a tantos aflija.

No parece haber sentido de la vida,
por lo breve y lo angustiosa que se vive;
toda esperanza parece perdida
cuando tanto desconsuelo se recibe.

A todos nos afecta tal degradación,
como a Lot en la tierra de Sodoma;
amargo presagio de la destrucción
que en el gris horizonte se asoma.

Son muy pocos los que quieren ser honrados,
quedar bien o quedar mal ¡eso qué importa!
Y se va contagiando la gente
del espíritu corrupto que se exporta.

El analfabetismo es preocupante;
millones de niños no tienen escuelas,
quedando los pobres sin más atenuante,
que sufrir en silencio las tristes secuelas.

Estos niños no tendrán educación
y crecerán en la ignorancia, abandonados;
justamente como naves sin timón,
a las costas de los vicios arrastrados.

Aunque el vicio no está solo en la ignorancia,
como muchos del pasado habían creído;
también hay profesionales de elegancia
en las prisiones del vicio recluidos.

Entre esos millones de cerebros deshechos,
quizás mueran cientos de grandes talentos
que solo sienten tener el derecho
a ser marginados con sus sufrimientos.

En su estado de ignorancia es explotado
cada niño con la mente prisionera;
jornaleros que cobran un bocado
porque no saben vivir de otra manera.

Son esclavos trabajando entre las minas,
colectando tesoros para el amo,
bajo el yugo de las manos asesinas;
sordas y ciegas a todo reclamo.

Además, bajo las armas hay millares,
sin saber a quién defienden ni qué buscan;
son soldados excelentes, cual pilares,
porque dejan que a su antojo los conduzcan.

Meras máquinas del crimen que matando
han descubierto un sucio modo de vivir:
asaltando, robando y secuestrando;
así no podrán al amor sonreír

No es posible llevar esa vida
sin la sádica influencia demoníaca;
quienes disfrutan la vida afligida
de los que no duermen siquiera en hamaca.

Solo son instrumentos inocentes
en las manos del verdugo de este mundo,
beneficiando a los inteligentes
que alimentan un sistema moribundo.

Busquen el perdón de Dios para que vivan.
Si lo buscan de seguro lo hallarán;
hagan que sus nombres en el cielo se escriban
y en el Paraíso terrestre vivirán.

Dios conoce de su vida y su dolor
y entiende por qué han hecho lo que es malo;
si cambian la violencia por amor
les dará la vida eterna de regalo.

Perdonará sus pecados plenamente
y jamás se acordará de su pasado;
Jesús murió por aquel que se arrepiente,
y demuestra con sus actos que ha cambiado.

¿Por qué tantos oprimidos y explotados?

El gobierno del hombre no ha podido
combatir y acabar con la injusticia
que sufren los obreros oprimidos
en empresas que respiran avaricia.

Hay millones con un mínimo salario
que no alcanza para el gasto familiar,
y su lucha por vivir es un calvario;
nunca pueden vacaciones programar.

Sus salarios ya no rinden para nada,
ni sienten el placer de comer bien,
mientras patronos con vidas holgadas
se sienten vivir en el Edén.

Los niños de esos padres se mutilan
el cerebro por la falta de alimento;
sus ojos brillan, sus lagrimas destilan,
sin poder ocultar el sufrimiento.

Otros padres ganan menos todavía,
y se les exige mayor producción;
su familia come una sola vez al día;
y así mueren millones por inanición.

Muchos de ellos no tendrán un rendimiento
razonable, si es que logran estudiar,
al haberse oscurecido su talento
por el hambre que han tenido que aguantar.

Sus talentos, que podían ser un aporte
a la ciencia, que en pañales todavía,
no ha sabido evaluar todo el importe
de la angustia que se aumenta cada día.

El gobierno del hombre es impotente
en esta selva inhóspita y rebelde,
donde prospera la fiera prepotente
y langostas hambrientas se comen lo verde.

El gobierno del hombre ha fracasado,
a pesar del adelanto de la ciencia;
el planeta se siente arruinado
y se va multiplicando la violencia.

Prejuicio y discriminación

El prejuicio es otro mal que se ha arrastrado
a través de seis mil años de fracaso,
desde el momento de haberse rebelado
el primer hombre; torciendo su paso.

No hay lugar a donde huir de los prejuicios
de todo tipo a lo largo del planeta;
muchos jueces son parciales en los juicios,
por ello han sufrido no pocos atletas.

Es un cáncer que está en todas las esferas,
discriminando injustamente a las personas
que no valen menos por ser extranjeras;
su raza, color o ser de de otra zona.

Se maltrata al estudiante de algún modo;
calificaciones con notas inferiores,
aunque el estudiante sea disciplinado
recibirá desprecio de todos colores.

Se le niega trabajo a un buen obrero,
sin importarles sus niños pequeños.
Quienes quieren ganar honradamente su dinero
ven echar por tierra sus esfuerzos y sueños.

El prejuicio se ha cobrado muchas vidas,
desgarrando familias y comunidades;
naciones enteras han quedado heridas
y se multiplican las rivalidades.

No se puede calcular todo ese daño
que ha causado el prejuicio en los humanos:
saqueos, guerras, vandalismo, engaños;
a aquellos que deben mirar como hermanos.

Cuando Dios mira del cielo ve una raza,
una sola familia, una nación;
porque Dios ama igualmente a cada casa
y le duele que haya tanta división.

En los campos, ciudades, continentes,
en todas partes, el prejuicio está arraigado;
tal parece que nació con cada gente
porque todos estamos prejuiciados.

El hombre no tiene el don de la presciencia
para juzgar con justa decisión,
por lo que juzga según las apariencias
por su prejuiciado e injusto corazón.

La discriminación es diferente;
se manifiesta en los actos de injusticia
y se puede castigar literalmente,
pero el prejuicio se oculta en la justicia.

Tras el manto de justicia y en la mente,
en lo profundo de nuestros sentimientos;
es un fuego interno, una llama ardiente,
y se nutre de los malos pensamientos.

Martin Luter King soñaba ver la gente
liberada del prejuicio y del racismo,
y a pesar de los esfuerzos persistentes
siguen latentes los actos de cinismo.

Prejuicio, racismo y discriminación,
son el fruto injusto de nuestro pasado;
desde que el hombre perdió la perfección
por el genio que a este mundo ha envenenado.

¿Transformaremos un día nuestro pensar?
¿Cambiaremos algún día el odio por amor?
¿Amaremos un día a todos igual?
¿Nos libraremos del prejuicio y su dolor?

La influencia invisible y asesina
de los demonios que siembran el sadismo,
será eliminada por la fuerza divina;
para que se acabe por siempre el racismo.

Y aquel hermoso sueño, ya no será un sueño;
se habrá realizado en toda la tierra:
un mundo de hermanos, de paz, halagüeño;
donde no haya racismo prejuicio ni guerra.

Ni el color ni la apariencia ha de contar,
lo que vale son las cosas interiores;
cualidades que son dignas de apreciar.
¿Por qué presumimos de ser superiores?

¿Quién es culpable de ser diferente,
de ser japonés o centroamericano?
¿De ser de España, de Rusia o del oriente?
De cualquier parte que sea somos hermanos.

La variedad es magnífico ingrediente
que le pone el buen sabor a nuestra la vida;
evidencia de un creador inteligente
para que la vida no fuese aburrida.

Si las flores tuvieran un solo color,
si las aves cantaran la misma canción,
y los alimentos el mismo sabor,
la vida sería triste, sin una emoción.

Miremos el don de la diversidad
como una expresión de amor por la vida;
y no olvidemos que el prejuicio es la maldad
engendrada de aquel genio, el homicida.

El salario a la mujer es inferior
al de el hombre que efectúa la misma cosa.
¿Por qué mirar al hombre superior
y denigrar a la mujer tan laboriosa?

¿Por qué privar a la mujer de beneficios
que reciben los hombres como obreros,
cuando encaran los mismos sacrificios
y el maltrato de patronos cicateros?

Toda la tierra es mi patria

Toda la tierra es mi patria, sin escoger un lugar;
todo el planeta es mi suelo al que debemos amar.

Nuestro cielo es el de todos, que nos cubre con su techo;
la lluvia cae para todos con igualdad de derechos.

El sol sale cada día para todo ser viviente,
¿por qué entonces preferir al rico o al prominente?

Sí, todos somos hermanos, venimos del mismo padre
y la primera mujer que vino a ser nuestra madre.

Cuando la lluvia desciende demuestra que es imparcial;
con el malo y con el bueno, para ella no hay especial.

La brisa nos llega a todos, sin hacer una excepción,
y el perfume de las flores para toda aspiración.

El mar ofrece sus playas a toda clase de gente
y la tierra, su producto, nos da generosamente.

¿Por qué no captamos todos tan magníficas lecciones,
para llevar el amor a todos los corazones?

Si así es la naturaleza, es un arreglo divino:
que todos disfruten todo sin espíritu mezquino.

Si el rio regala sus aguas a todo el que las desea
¿por qué privar de ella a un grupo que de mi raza no sea?

¡Qué equivocados estamos al amar a cierta gente
cuando con otros tratamos de manera indiferente¡

No hacemos nada especial cuando somos amorosos
con aquellos que nos aman, y con los demás, odiosos.

Debemos interesarnos por todos nuestros vecinos,
sin desdeñar de ninguno, sean rusos, negros o chinos.

Nacemos y envejecemos, seamos grandes o seamos chicos;
y finalmente morimos si somos pobres o ricos.

Si somos humildes nunca presumamos de importantes;
somos meramente polvo ¿para qué ser arrogantes?

Cuando la muerte nos lleve terminarán nuestros sueños
y no valen las riquezas, la vana gloria ni empeños.

Quizás nos arrepintamos al momento de morir
de los prejuicios y actos injustos en el vivir.

¿Por qué no dejar mejor, al fin de nuestra existencia,
recuerdos inolvidables de una grata convivencia?

Esto sirve de consuelo a los parientes y amigos,
que nos recuerden amados pero no como a enemigos.

El día que nos despidamos que nuestra comuna sienta
que ha perdido alguien querido y que su recuerdo cuenta.

Que en el centro de trabajo, el barrio, escuela o negocio,
sientan la pérdida aquella de un buen amigo, de un socio.

Sería mucho más hermoso que nuestros actos de amor
nadie los pueda olvidar; en especial el Creador.

Expresemos amor todos en nuestra comunidad;
hagamos siempre lo bueno, con toda imparcialidad.

El sol sale para todos; la lluvia no hace acepción.
La patria, es nuestro planeta, el suelo, nuestra nación.

El rio le brinda sus aguas a todo el que la desea,
y el mar a todos sus playas porque en amor se recrea.

Dueños ilegales

La tierra, originalmente,
fue de todos por igual,
y la región celestial
se disfrutaba igualmente.
El mar profundo, imponente,
tampoco tenía fronteras;
pero hoy cada uno quisiera,
del universo, un pedazo,
y entre linderos y trazos,
levantan una bandera.

Se apropian de una región;
se hacen dueños ilegales,
de terrenos y animales,
en magna desproporción.
Someten a humillación
al que no ceda a su antojo,
para complacer al ojo
materialista, avariento,
a costa del sufrimiento
de quien se traga su enojo.

Colonizaban naciones
de las más hermosas tierras
y luego le hacían la guerra
al nativo sin razones.
Así murieron millones
intentando defender
su tierra de aquel poder
opresivo que saqueaba
cada pueblo y explotaba
al hombre y a la mujer.

¿Con qué derecho han obrado
marcando el cielo en porciones,
y sancionar los aviones
que lo hayan sobrevolado?
Todo porque ha fracasado
su modo de gobernar.
Hasta han dividido el mar
prohibiendo que otros naveguen
en su territorio y lleguen
con apariencia de espiar.

Todos están prejuiciados,
en cualquier parte del mundo;
viven un temor profundo
y de todos desconfiados.
Siempre están sobresaltados,
esperando una agresión.
Porque en su imaginación
están como don Quijote,
en guardia contra un azote
o alguna sublevación.

Pero pronto acabará
este mundo tormentoso,
para que empiece el glorioso
que nunca terminará.
Donde el manso vivirá
con el corazón henchido
de placer porque ha elegido
los gobernantes mejores;
y estos tristes sinsabores
quedarán en el olvido.

Trabajará muy seguro,
haciendo casas, plantíos,
y renovando sus bríos
con el alimento puro.
El trabajo en el futuro
será superabundante;
pero no será estresante,
por el temor al patrón;
nos mandará el corazón,
y el amor al semejante.

No se hará ni un hospital,
porque nadie enfermará,
y jamás se efectuará
en la tierra un funeral.
El hombre y el animal
feroz tendrán amistad.
Y no habrá animosidad,
jamás, por ningún motivo,
en ex lobos agresivos
llenos de amabilidad.

Será una sola nación,
todos los pueblos unidos;
no habrá cielos restringidos
para el vuelo de un avión.
Libre la navegación
para viajar sin temor,
a la Habana, a Nueva York,
como en avión por el cielo,
y no pelean por el suelo
porque viven por amor.

Si desea vivir allí
sea manso, humilde, obediente,
y únase con esa gente
que adoran al Dios feliz.
Esa es la vida que sí
hemos soñado vivir.
Ya no habrá por qué sufrir,
el pecado dirá: adiós;
nos lo ha prometido Dios,
y Dios, no puede mentir.

La inmoralidad sexual

El gobierno del hombre no ha podido
impedir el aumento de la vida inmoral,
cediendo a exigencias de un mundo caído,
borracho de vicios en un cenagal.

Entre el hombre y la mujer hay un imán
que los atrae de manera natural;
pero hay otra fuerza que alienta Satán:
el mundo del sexo contranatural.

Legaliza el matrimonio homosexual,
olvidando que Sodoma fue raída,
y Gomorra, por el juicio celestial;
como ejemplo, en ceniza convertida.

Aquellos actos indignaron al Creador,
como repudio a una vida de indecencia.
El recuerdo de Sodoma es un horror;
un ejemplo de legitima advertencia.

Muchos jóvenes ven eso y se deforman,
pervirtiendo su manera de pensar;
al ambiente degradante se conforman
sin temer las consecuencias que arrastrar.

Es triste ver que el SIDA está arruinando
a tanta juventud equivocada;
hombres con hombres se están matrimoniando
y mujeres con mujeres son casadas.

Las Sagradas Escrituras, francamente,
son bien claras condenando la maldad;
como en la antigua Corinto, esta gente,
debían cambiar su personalidad.

Si uno quiere abandonar el mal camino,
porque quiere obedecer la Ley de Dios,
podrá contar con la ayuda del Divino
si a los actos incorrectos dice: adiós.

Nuestro Dios ha demostrado que es amor
a través de tantas cosas que él ha creado;
y la sangre de su hijo limpiará el error
del que quiera abandonar su mal pasado.

El promete ayudar a todo aquel
que quiera transformar su corazón;
su palabra todo el tiempo ha sido fiel
y se complace en extenderle su perdón.

Y no importa cuánto cuente su pasado,
recuerde que es inútil de que huya,
abandone por completo tal pecado;
Jesucristo dio su vida por la suya.

Enfoque su vista en el futuro
y vea las cosas buenas que vendrán:
un mundo justo, feliz y seguro
para todos aquellos que se transformarán.

Hay tanta prostitución que es una plaga
en el mundo solapado de este mundo;
esclavitud y corrupción que no se apaga
como el fuego que nace en lo profundo.

Las mujeres explotadas ilegales;
pobres esclavas de la prostitución.
Niños y niñas, sirvientes sexuales,
en la más ignominiosa explotación.

¡Estos empresarios de la oscuridad!
¿Por qué practican este crimen tan horrendo?
Busquen la luz, el amor, la libertad,
y abandonen ese mundo que no entiendo.

Si quieren refugiarse en el amor
hallarán un refugio incomparable:
una vida con sentido, con honor,
esperanza y bendiciones incontables.

Hagan del nombre de Dios su plaza fuerte;
si lo buscan, siempre se ha dejado hallar.
Con su escudo no le teman ni a la muerte,
si prometen el pecado abandonar.

Jehová, es su nombre, es oidor de la oración,
nuestro Dios, nuestro refugio y esperanza;
con sus ojos examina el corazón
para salvar al bueno el día de la venganza.

Dios es bueno y se deleita en la verdad,
repudia la violencia y la injusticia.
Es su misericordia, amor y bondad
para todo el que se vuelve a la justicia.

El incesto

El incesto es otra plaga
que el hombre no ha eliminado
y se nos ha propagado
cual fuego que no se apaga.
Muchas buscan en la daga
del suicidio la salida;
porque al ensuciar su vida
de una manera tan ruin,
prefieren ponerle fin
con su dignidad perdida.

Algunas se han refugiado
en el alcohol, en la droga,
y otras tomando una soga
con su vida han terminado.
Otras, al hombre han odiado,
como al más sucio chacal.
Envenenadas del mal
que sufrieron en su infancia,
no desean ni la fragancia
de la flor más especial.

¡Qué acto tan aberrante,
de una vida licenciosa;
tomar la hija como esposa
o tenerla como amante!
Una madre tolerante
se ha dejado convencer
de que su niña al crecer,
aunque aquello no le cuadre,
debe ser para su padre,
de ella, su primer placer.

¡Cuántas niñas abusadas
por malos progenitores,
cercadas de los horrores
sexuales; desamparadas!
Y quedan traumatizadas,
sumidas en la amargura,
bajo la vil dictadura
de padres sin compasión;
por hallar liberación
practican cualquier locura.

Está aquel que se encadena
más tarde con su recuerdo
y su conciencia de acuerdo
a la angustia lo condena.
Sufrirá una larga pena
al mirar a su pasado
por todo el daño causado
a su niña, a su parienta;
el recuerdo lo atormenta,
y algunos se han suicidado.

El que se sienta culpable
de la angustia promovida
que no renuncia a la vida
y se vuelva al Dios amable.
Su perdón será probable
si lo suplica humillado,
porque él nunca ha abandonado
al que un mal ha cometido,
si se vuelve arrepentido
con corazón aplastado.

Víctimas y victimarios,
Jehová les abre los brazos
al que venga a su regazo,
como a su nido el canario.
Pero venga voluntario,
no porque se le presione,
y acepte las condiciones
de Dios para su perdón;
movido de corazón
para que Dios lo perdone.

Nos hemos ido alejando
de aquel origen perfecto,
y el matrimonio de incesto
hoy se está multiplicando.
Se ha ido degenerando
la salud y la moral;
y una unión matrimonial,
de la fuente incestuosa,
podrá ser muy dolorosa
si nace un hijo anormal.

Esto a cualquiera desvela,
que en matrimonios humanos,
entre parientes cercanos,
nos traiga amarga secuela.
Pues, por mucho que se vela
por la salud familiar
no se puede descartar
que dos factores iguales
de la sangre, sean fatales
al momento de procrear.

Los que han sufrido este drama
no tienen que renunciar
a la vida ni esperar
que los devore una llama.
El dios que tanto nos ama
nos promete sin engaño,
subir peldaño a peldaño
a la mismísima cima
nuestro amor, nuestro autoestima,
y reparar todo el daño.

En el principio no estaba
prohibida esta relación;
cerca de la perfección
ningún peligro entrañaba.
Aunque quisiera, no estaba
nadie libre de esta cosa,
teniendo que ser la esposa
prima, sobrina o hermana,
sin consecuencia malsana
de la unión incestuosa.

Dios siempre tiene razón;
es magnífico instructor,
nuestro juez, legislador
y lee nuestro corazón.
Si aplicamos su instrucción
en el diario vivir,
él nos sabrá conducir
en la senda de la paz
y su palabra veraz
nos librará de sufrir.

Aquel que quiera ser sabio
en todo su proceder
que sea presto a obedecer
y evitará mil agravios.
Burbujeante de sus labios
broten palabras fluidas,
como una fuente de vida,
del agua maravillosa
que se ofrece generosa
para todo el que la pida.

Ella es hermosa y preciada
para el humilde y el manso
que disfrutan del remanso
de la esperanza dorada.
La verdad acrisolada,
que cual sol resplandeciente,
hace que su luz ardiente
derrita toda cadena
de falsedad que encadena
a tanta gente inocente.

Matanza de mujeres

¿Por qué no ha puesto fin a esta matanza?
Son horribles las denuncias de la prensa;
parece cacería de una venganza
a criaturas femeninas indefensas.

Mueren madres con criaturas en su ceno,
otras dejan a sus hijos huerfanitos;
por aquellos que están llenos de veneno
y que sirven a su dios con este rito.

La mujer fue la criatura que nos trajo
a la vida y bebimos de sus pechos;
fue una mujer quien nos dio mil agasajos
y hoy se le priva disfrutar de sus derechos.

La mujer es nuestra madre, nuestra amiga,
nuestra esposa diligente, nuestra hermana;
pero muchos la ven como enemiga
y no disfrutan la luz de la mañana.

Quitarle la vida a una mujer
es cortarle una flor a la vida;
es como herir un bello amanecer
y hacer que el alba se marche entristecida.

La mujer es un ser muy especial;
¿por qué muchos no le dan su dignidad?
En sentido general es un panal
de la miel que nos da felicidad.

Ella merece mejor trato, por favor;
es obrera, ama de casa, madre buena.
Por excelencia recipiente del amor;
pero el mundo del machismo la encadena.

Esta es otra deficiencia del gobierno
fracasado de los hombres pecadores;
a la mujer se le debe un trato tierno
y no ser pisoteada por explotadores.

Esta vida, realmente, vale poco
y la gente se comporta como fiera;
este mundo satánico anda loco;
proporcionando la muerte dondequiera.

Hay sinnúmero de niños abusados
a mano de sádicos padrastros.
¡Y cuantos delitos se quedan tapados,
como esas violaciones a niños hijastros!

No hay conciencia, no hay pudor ni sentimiento,
y algunas madres encubren estos actos;
tal parece no tener remordimiento
porque no se retractan de su pacto.

Un padre ahorca su niña de seis años
y otro disfruta de sus hijas como amante
y la madre lo consciente, no hay engaño;
su conducta es reprobable, horripilante.

No puede evitar el desempleo

Otra rama de atención en nuestro hogar,
es el crudo desempleo en todas partes;
es difícil trabajar, hasta en el mar,
en los campos de las ciencias y las artes.

Millones de hombres y mujeres despedidos
del trabajo siendo obreros eficientes;
la fuerza laboral se ha reducido
y quieren que produzcan igualmente.

Queriendo salvar la economía,
millones de niños se quedan sin comer;
en nombre de la crisis han hecho otomía,
y el mundo empeora a más no poder

El inmenso desempleo es la cantera
de la fiebre del robo y la violencia;
y los gobiernos no encuentran la manera
de implantar un sistema de eficiencia.

Parece que detrás de cada intento
por un sistema de justicia, de equidad,
hay un genio, que sin un remordimiento,
trabaja en que prospere la maldad.

Es difícil una vida sosegada
en un mundo semejante a una tormenta,
donde a tantas familias angustiadas
la vida les parece que no cuenta.

Hay millones de familias padeciendo
una hambruna que no tiene paralelo;
mientras otros derrochan consumiendo
estos marchan a la tumba sin consuelo.

Vaciar un carguero de ganado en alta mar,
con el fin de mantener alto su precio;
cuando millones ni un pan pueden comprar.
¡Manera de expresar al pobre su desprecio!

Otros tantos no pueden tomar un café,
y se echan millones de sacos al agua,
como si vivieran los pobres, de la fe;
sin tener siquiera una choza de yagua.

TEMAS SOBRE LA FAMILIA EN DETERIORO Y COMO FORTALECERLA.

Una plaga de divorcio

Debido a tantas presiones en la vida,
muchos piensan que casarse es un fracaso,
y los que lo hacen se divorcian enseguida
cual viajeros en parada; van de paso.

Es más fácil la vida de dulzuras
que tener una esposa legalmente;
pero es triste tener hijos de aventuras
y que crezcan sin amor, amargamente.

Se prefiere buscar la independencia,
aunque bien caro se tenga que pagar.
Se aborrece la idea de dependencia,
porque quieren solamente en sí pensar.

Son muy pocos los que quieren perdonar,
y no ver el error en su pareja,
olvidando que también suelen fallar
y su cónyuge amorosa no se queja.

Se olvidan por completo que en el cielo
hay un justo tribunal que juzgará;
porque apenas se presente algún revuelo
aquel pacto del amor terminará.

Un matrimonio perfecto nadie tiene,
pero podemos aprender a perdonar;
perdonar, pero no porque haya bienes;
debemos demostrar lo qué es amar.

El divorcio es una base de mucho dolor,
una fuerte mina de la delincuencia,
porque a muchos niños les falta el amor;
amor que han deseado con toda vehemencia.

Antes de esa decisión, de divorciarse,
debían ver más allá las consecuencias.
Aun con sólida razón, el perdonarse,
sería un fruto del amor y gran paciencia.

El más grande maestro conocido,
solo expuso una razón para el divorcio:
si cualquiera de los dos ha cometido
«fornicación», traicionando a su consorcio.

El divorcio es un tsunami cuando hay niños,
demoliendo los cimientos del hogar;
ya no pueden recibir aquel cariño
que les daban en el tiempo de jugar.

Y crecieron separados por razones
que ellos nunca pudieron entender;
muy cargados de tristes emociones
sin conciencia de tener algún deber.

Muchas niñas han crecido solitarias,
arrastradas a los vicios inmorales;
vivieron su niñez como los parias
y hoy se sienten que son antisociales.

Se sienten atrapadas en el mundo
del oscuro laberinto de su vida;
y se suman, cada cuarenta segundos,
a la fila derrotada de suicidas.

Padres, piensen en sus hijos seriamente,
en vez de optar por el divorcio a la ligera;
los exponen a sufrir injustamente
apagándoles el fuego de su hoguera.

Piensen en los riesgos que van a encarar
sus hijos al quedar desamparados;
los peligros que el hombre no va a eliminar
de este mundo corrupto y depravado.

También hay otros casos de amarguras,
de esos tantos de una vida de placer;
que un hombre después de una aventura,
se entere que su hija, fue aquella mujer.

Un hermano acostarse con su hermana,
para hacer más sucio aquel pecado
y abatirse de pesar en la mañana
al saber con qué mujer se había acostado.

Fortalecer el matrimonio es lo mejor,
estrechar sus lazos familiares.
Hagan de su familia un nido de amor;
íntegros, a sus deberes conyugales.

Padres, velen por sus hijos, denle amor,
eviten que se sientan oprimidos;
en guardia contra el vil depredador,
que quisiera arrebatarlos del nido.

Que aprendan a ver lo bueno de la vida,
que Dios los ama, y que no quiere que mueran,
que el enemigo de la vida es homicida;
y que sus secuaces devorarlos quisieran.

Que en su palabra hay consuelo insuperable,
como lámpara que alumbra el corazón;
nos previene del camino lamentable
y nos ayuda a combatir la depresión.

Una Causa de Suicidio

Eran felices con sus padres compartiendo
la alegría cosechada en el hogar,
y ahora sienten que un pesar los va cubriendo
por un hecho que no pueden explicar.

Sus corazones se endurecen, se hacen malos,
por el mucho maltrato que han vivido;
nunca les dieron afecto ni regalos,
por eso creció su corazón torcido.

¿«Para que vine a esta vida de maltrato,
-se preguntan- si el amor no he conocido»?
Y se hacen rebeldes; muestran desacato:
«para esta vida, no debí de haber nacido»

Van en busca de la droga, del alcohol,
un mar de ilusiones donde ahogar sus penas;
y en ese mundo sucio nunca ven el sol,
prisioneros del vicio que a tantos condena.

Por eso, muchos que apelan al suicidio,
jamás disfrutan la mínima alegría;
otros son confinados al presidio,
a penar por el resto de sus días.

Oír que un niño se quita la vida,
es tan triste que nos corta el corazón;
el suicidio fue la única salida
que encontrara de su triste situación.

No neguemos el cariño a los infantes,
ya que es duro vivir sin el amor;
el suicidio no debía ser su atenuante,
el único remedio a su dolor.

Aunque nada justifica suicidarse,
para muchos la vida es solo sufrir;
rechazando la idea de conformarse,
cultivemos optimismo; hay que vivir.

Nuestra vida para Dios es muy preciada,
el nos ama, da esperanza y nos consuela;
ni hay criatura que la deje abandonada,
como madre por sus hijos se desvela.

Si conoce algún niño en ese estado,
estréchele su mano en amistad;
dele apoyo en lo que pueda, está angustiado
careciendo del amor y de bondad.

Hágale ver que la vida es un regalo,
un regalo que nos hizo el Dios de amor;
que el suicidio es un acto súper malo,
que le ofende y le causa gran dolor.

Es muy triste ver que tantos inocentes
sientan que su vida está arruinada;
y al sentirse indignos de levantar la frente,
se resuelvan a que ya no valen nada.

Dios le pagará sus buenas acciones;
enséñele que Dios tiene una promesa
de un gobierno que traerá las bendiciones,
muchas alegrías y ya no habrá tristeza.

Divorciarse ¿Es lo mejor?

¡La imperfección es tan grande!
Es como un monstruo que aterra;
como el monstruo de la guerra
que destruye donde ande.
Si permites que te mande
para cumplir sus antojos,
ella vendará tus ojos
para guiarte equivocado
y dejarte desterrado
entre desiertos y abrojos.

Todos nacemos con ella;
todos, sin una excepción;
nos engaña el corazón
revelándonos su huella;
como si hubiera una estrella
imponiendo la maldad
a toda la humanidad,
con pulso de gran calibre
para que nadie se libre
de la cruel futilidad.

La imperfección es la base
de que abunde el sufrimiento
y halla tanto descontento
por tanto daño que hace.
La familia se deshace
ya sin motivos de peso;
como si fuera un proceso
de la sociedad moderna
donde la pareja alterna
como parte del progreso.

La pareja se separa,
sí, por cualquier pequeñez,
aunque haya alguna preñez;
daño que no se repara.
No se enfrentan cara a cara
con el mínimo problema,
pisoteando aquella gema
de la unión matrimonial
para crear en su final
un insoluble dilema.

¡Como este mundo ha cambiado!
¿Qué hay de la criatura luego?
Hacer un hijo no es juego
y dejarlo abandonado;
a crecer traumatizado
por tantísimas razones
que sufren muchos millones,
viviendo en el abandono
sufriendo a diario el encono
de opresivas condiciones.

Si hay problemas, divorciarse
no es la mejor decisión;
hay que hallar la solución
sabia que deba aceptarse.
Por lo que deben sentarse
y analizar con paciencia
demostrando inteligencia
y sabiendo razonar,
porque van a cosechar
buena o mala consecuencia.

"Divorciarse es lo mejor
y no hay que agachar la frente"
así piensa mucha gente
que no conoce el autor
del matrimonio y Creador
del hombre y de la mujer
que al casarlos dejó ver
que es un asunto muy serio:
si no ocurre un adulterio
nadie lo debía romper.

Solo la fornicación
permitiría divorciarse
con base para casarse
en una nueva ocasión.
Y si concede perdón
el cónyuge traicionado,
nadie estaría facultado
para decirle: *aprovecha*
tienes abierta la brecha
que tanto habías esperado.

Asunto muy personal,
es el perdonar o no,
si el traidor se arrepintió
de cometer aquel mal.
Arrepentirse es vital,
sin el drama de un desmayo;
porque hay veces que es ensayo
de quien obra inicuamente
fingiéndole al inocente
que reconoce su fallo.

Aparte de este delito,
para los que son leales,
hay tres razones legales
que vienen a ser un hito.
Para que sea el veredicto
divorcio o separación:
por la extrema humillación
y la amenaza de muerte;
bajo una presión tan fuerte
se acepta la decisión.

O si el hombre es negligente
y no quiere trabajar,
la esposa debe de hallar
una solución vigente.
Después de, primeramente,
agotar todo su medio,
no dejará que el asedio
de la miseria la arruine;
y el divorcio se define
porque no halló mas remedio.

Y existe un tercer motivo
para la separación:
una franca oposición
al adorar al Dios vivo;
porque en un tono agresivo
le hace imposible adorar,
por lo que se debe optar
por la espiritualidad,
aunque no da libertad
para volverse a casar.

Es mi recomendación,
basada en la ley divina,
que no falle como Dina
y cuide su asociación.
Una mala decisión
pudiera ser su final.
Escuche la voz legal
de su abogado: *conciencia;*
para evitar la experiencia
que sea un recuerdo fatal.

La Familia

Es la institución humana
más antigua conocida
y desde el principio herida
por una actitud tirana.
Apenas, en la mañana
de aquella constitución,
no mostraron sujeción
a las normas del Edén;
su menosprecio y desdén
los condujo a la expulsión.

El hombre, como cabeza,
debía ser buen director,
dando a su esposa el mejor
trato, con delicadeza.
Nunca usaría la rudeza
al mandar o al exigir,
porque debía dirigir
y actuar con sabiduría
para que hubiera alegría
y muy plácidos vivir

Pero la paz no duró,
después de ser expulsados;
me imagino que angustiados,
uno al otro se acusó.
Cuando el dolor les llegó,
después de un feliz comienzo;
un dolor que se hizo intenso
ante el vil asesinato
de Abel por el desacato
de Caín a Dios, yo pienso.

Debido a la rebelión
de la primera pareja
esta institución refleja
que le falta dirección.
Muchas veces la opresión
del hombre por su altivez,
no escucha una sola vez
el otro punto de vista,
de su esposa, por machista,
y su mando es un revés.

Es sabio reconocer
que la esposa es importante
en su papel de ayudante,
que ella debería ejercer.
Jehová se la quiso hacer
como un feliz complemento,
quien exclamó, muy contento,
ante el hermoso suceso:*
*"Esto es hueso de mis huesos,
...de mi carne"*, cien por ciento.
Génesis 2:23, parafraseado*.

Es un arreglo perfecto,
para un propósito honroso,
del Dios sabio y amoroso
sin el mínimo defecto.
Y lejos de ese concepto,
que existe distorsionado,
la pareja que ha formado
un matrimonio honorable;
debe mantenerlo estable
como un arreglo sagrado.

Mediante esta dulce unión
luego los hijos vendrían
y se multiplicarían
para una gran población.
Mediante la educación
se podría consolidar
cada familia y formar
un lazo fuerte que una
a cada miembro, fortuna,
que muchas pueden lograr.

Cuando el padre es diligente
cumpliendo con su deber
y lo apoya su mujer
son un equipo eficiente.
Cada niño es obediente,
movido por el amor,
creando un clima acogedor
donde la paz predomina
por la educación divina
para gloria de su autor.

Y ¡qué bella la ocasión,
que la familia reunida
disfruta de una comida
por cualquier motivación!
Sentimos el corazón
contento, regocijado,
feliz, por estar rodeado
de los hijos y los nietos,
padres, abuelos, bisnietos;
¡qué momento tan preciado!

Ocasiones como esta
debían de ser regulares,
como eventos familiares
en un ambiente de fiesta.
Donde el amor manifiesta
el fruto de su eficiencia,
demostrando la evidencia
de su mejor enseñanza
por la unidad, la esperanza;
victorias de su influencia.

Es imperativo que,
en ese papel que ejerce,
cada pareja se esfuerce
en edificar su fe.
Por ella consiguió Noé
el apoyo familiar
para iniciar y acabar
su Nave de Salvación;
hoy nuestra organización,
el Arca donde escapar.

El buen juicio nos advierte,
que aun en malas condiciones,
las buenas congregaciones
nacen de familias fuertes.
Mientras que el mundo pervierte
a las familias que atrapa,
usaremos nuestro mapa
divino para orientar
nuestra familia y estar
despiertos en esta etapa.

Cuidemos la familia

El cielo se oscurece con las nubes,
como naves gigantescas navegando
o cual flota de la lluvia muy unida,
nos impiden que el sol siga alumbrando.

Si es de noche, las estrellas ya no brillan,
ni la luna ni un lucero esplendoroso,
y es muy triste que la luz ya no fulgure
en un cielo que se ha vuelto tenebroso.

De ese modo se oscurece la familia
cuando asoma alguna vez el egoísmo
y envenena el corazón con la codicia
cual verdugo, tras el cruel materialismo.

Cuando un miembro fallece con herencia;
por aquella, muchas veces se han peleado,
destruyendo la unidad de la familia,
y el amor, que allí brillaba, se ha apagado.

En lugar de la unidad, se le aparecen
divisiones como nunca habían tenido,
y el disgusto, la tristeza, ahora es el manto
que la cubre, como al mundo enloquecido.

El prejuicio racial, también ha sido
otra causa del derrumbe familiar,
aunque un miembro haya escogido lo mejor,
para el resto es muy difícil aceptar.

Casi siempre, la familia adinerada,
piensa en alguien pudiente para el suyo,
sacrificando el amor por lo que es vano
prefiriendo el dolor con el orgullo.

Muchos pierden el amor y se envanecen,
creyéndose mejor que los demás;
aunque sientan que su vida está vacía,
acariciando vanagloria más y más.

Despreciar alguna raza es un error,
ni al que es rico se le debe despreciar;
ni al muy pobre, porque no tenga dinero;
injusticia que Dios ha de condenar.

Ni la raza ni riquezas ni la fama
jamás podrán hacernos superiores.
Aprendamos a vivir modestamente
y evitemos todos estos sinsabores.

Como bomba, que ha estallado en la familia,
destrozando la unidad que disfrutaban,
así los actos sin amor han arruinado
a familias que en un tiempo se admiraban.

No permita que su cielo se oscurezca,
ni se apague la luz de las estrellas
de ese cielo de familias tan felices
que con el sol del amor serán más bellas.

La familia es preciosa

La familia es un tesoro inapreciable,
cada miembro es un puntal que la conforta
si es paciente, bondadoso y muy amable;
como el todopoderoso nos exhorta.

Es hermoso poder ver cuánto disfrutan
de momentos agradables con su gente,
divertidos en las cosas que le gustan;
comen, cantan, juegan ¡qué bonito ambiente!

Hay millones de familias desgarradas
que no pueden disfrutar ni un solo día,
por aquellos que las dejan desoladas;
cual desierto o escarpada serranía.

La familia es un consuelo en el dolor
por lo que debe cuidarla el que la tenga;
que haga de ella, un bello oasis del amor
haciendo que la paz se la sostenga.

Es muy triste ver a tantas desunidas
que no han conocido la felicidad
y en su seno van sangrando las heridas
que han sufrido por la falta de bondad.

La familia es para amarse mutuamente
y lucir como jardín muy bien cuidado,
cuyas flores alegran el ambiente
y su perfume con la brisa va mezclado.

La familia, la familia: don divino
donde se ensancha el cariño y el amor;
para andar unidos en el buen camino,
disfrutando felices su tierno calor.

Como al nido la paloma lo calienta,
por la vida y la salud de sus polluelos;
así mismo la familia se sustenta
con afecto, con cariño y el consuelo.

Cuida bien de tu familia, pon tu parte;
regocije a cada miembro tu cariño
haciendo con amor un baluarte
donde refugiarse el grande y el niño.

La familia ejemplar

Cuidará de su casa con esmero,
si el cabeza de familia es hombre recto;
notando la marcada diferencia
entre el hombre diligente y el inepto.

La mujer suele sentirse protegida
de quien la representa, muy amada;
motivada a apoyar sus decisiones,
confiando que nunca será defraudada.

Los buenos padres se ocupa de sus hijos,
dando tiempo y atención de calidad;
proveyendo lo que todos necesitan,
incluyendo la espiritualidad.

Cabezas así, no exigen respeto;
se lo ganan con amor y perspicacia;
las esposas se someten con placer
devolviéndoles amor con dulce gracia.

Los hijos son felices y lo siguen,
imitando el buen ejemplo de papá
y las niñas obedientes, educadas,
corresponden al modelo de mamá.

Así nacen las familias ejemplares;
honrando la más bella institución,
aportando a sus comunidades
bellísimos modelos para la nación.

Hay millones de familias que sonríen
a la paz que han recibido permanente;
y no sufren divisiones ni egoísmo
por tratarse cada miembro amablemente.

El secreto de encontrar algo tan bueno
solo se descubre en la fuente del amor;
andando en la luz de aquellas leyes
que revelan el pensar del gran Legislador.

Un cabeza ejemplar

¿Cómo estás, hijo querido?
¿Te sientes bien de salud?
Tienes mucha juventud
y un espíritu aguerrido.
Eres padre bendecido
con la familia que tienes.
Heredaste nuestros genes
de espíritu luchador;
como padre proveedor
estás provisto de bienes.

Nos hace muy orgullosos
tu responsabilidad,
por esa tenacidad,
como padre, como esposo.
No tienes nunca reposo
en tu afán de proveer
las cosas que ha de tener
tu familia diariamente,
con la ayuda diligente
de tu excelente mujer.

Uno de los requisitos,
de los superintendentes,
es que han de ser diligentes
educando a sus hijitos.
En esto aumentan los hitos
como historias singulares,
porque si han de ser pilares
que otros deben imitar,
estos deben de brillar
como padres ejemplares.

Ve que no queden atrás
los intereses mayores;
pon en ello los mejores
esfuerzo para tu paz.
De Jehová recibirás
poder y sabiduría,
porque él sabe que su guía
viene a ser imprescindible
para que se haga posible
el éxito cada día.

Santiago uno cinco anima
que sabiduría pidamos
al Sabio Dios que adoramos
cuya petición estima.
El no deja que te oprima
el hacer su voluntad;
porque es Dios de libertad
y hará que todo te cuadre
para que seas ese padre
lleno de felicidad.

El guardar sus mandamientos
no resulta ser gravoso,
y menos para el esposo
que ya tiene un fundamento.
Dios es dios de sentimientos
y desea que en cada hogar
todos puedan cultivar
amor con hondas raíces,
lo que nos hace felices;
su manera de educar.

Es un antiguo patrón,
desde tiempos patriarcales,
que hayan familias leales
debido a su educación.
Más tarde dio la instrucción
a cada padre israelita,
mediante su Ley escrita,
que educara cada hijo
para su gran regocijo
y una familia bonita.

También en Deuteronomio
treinta y uno doce expone
razón por qué las reuniones
son eterno patrimonio.
Allí oirían el testimonio
de sus leyes amorosas,
que harían familias hermosas
por tan bella educación,
si prestaban atención:
los padres, niños y esposas.

Si fue serio antiguamente
asistir a las reuniones,
hoy hay sobradas razones
de hacerlo regularmente.
Debido a que es tan urgente,
hay que planificar todo,
para que de ningún modo,
cuando tengamos que ir,
nadie deje de asistir
por algún desacomodo.

Se ha anexado a este patrón,
en la última vigilia,
para entrenar la familia,
«la noche de adoración»
Es una hermosa ocasión
que no se ha de prescindir,
creada para recibir,
de la instrucción paternal,
alimento espiritual
que nadie debe omitir.

León vigilante y celoso,
por su preciosa manada;
discernidor de emboscada
y de un paso peligroso.
Así ha de ser el esposo
que desea agradar a Dios;
y la esposa, entre los dos,
uno al otro se recuerda
que son una triple cuerda
obedeciendo su voz.

Los padres son responsables
por la vida de sus niños
en transmitirles cariño
y cualidades loables.
Con sus palabras amables
edificarán amor,
y aliviarán el dolor
del pecado que heredamos,
mientras que nos esforzamos
en dar siempre lo mejor.

Los niños aprenden más,
del ejemplo que le damos,
que de las cosas que hablamos;
para que seas eficaz.
Y nunca mires atrás,
hay que olvidar el pasado.
Dios mismo lo ha colocado,
tan lejos como el oriente
se encuentra del occidente
borrando nuestro pecado.

El águila vigilante,
no descuida sus polluelos,
ante el mínimo revuelo
de un gavilán acechante.
Padre cristiano, un instante,
de descuido, seriamente,
pudiera ser suficiente,
para sufrir la tristeza,
de que un hijo sea la presa
del cazador inclemente.

Jehová te respaldará
en todo esfuerzo que hagas;
al proteger de las plagas
tu manada, él te guiará.
Sabiduría te dará,
discernimiento y poder;
y podrás prevalecer
educando a tu familia,
en esta última vigilia
hasta el nuevo amanecer.

Sí, hay un *nuevo amanecer,*
con el sol de la justicia
que el universo acaricia
para olvidar el ayer.
Un diluvio de placer
ahogará nuestro pesar,
para jamás ver el mar
revuelto de la maldad;
y brisas de libertad
harán el amor flamear.

Esperamos poder ver
el fruto de la insistencia,
cuando la supervivencia
sea ese bello amanecer.
Y disfrutar el placer,
cual pago de tu labor,
por trabajar con ardor
en la espiritualidad,
rodeados de la bondad
que nos regala el Creador.

Eres un vástago hermoso
de una vid, que aunque marchita,
conserva en cada ramita
vino dulce y oloroso.
Su fruto ha sido copioso,
aún, en tiempo de sequía,
y siente la garantía:
que sus vástagos darán
frutos que compensarán
sus años con alegría.

La bandera del amor,
puesta en un lugar cimero,
indica que el desafuero
no causará más dolor.
Todo el planeta hará honor
al autor de esta conquista,
cuando el autoestima vista
de gala a la humanidad
y de excelsa dignidad
sin rastro de un egotista.

La sangre del hogar es el amor

La familia es algo grande, muy hermoso,
la más bella institución organizada
que exige jefatura del esposo;
diligente, amorosa y delicada.

La esposa constituye un complemento,
ayuda idónea para el hombre en el hogar;
quien debe respetar sus sentimientos
enriqueciendo el ambiente familiar.

Pero, ¡qué triste, la familia ha fracasado
al nacer la actitud independiente¡
La anarquía en el hogar se ha disparado
con esta generación desobediente.

Si los padres no ponen el ejemplo
la familia llega a ser un desafuero
y el hogar dejará de ser un templo,
un oasis de paz, por el: *yo primero*

La sangre del hogar es el amor
y si falta ese elemento habrá tristeza;
la armonía desaparece y hay dolor
por el trato que se dan, con aspereza.

Cuando expira algún pariente lamentamos
no haberlo tratado con cariño y amor;
y muy tarde descubrimos que lo amamos
para sentir que nos consume un gran dolor.

Nos reviven los recuerdos de la infancia,
unos muy bonitos y otros muy amargo;
reflexionamos en nuestra intolerancia,
que hacía de ratos malos, días largos.

Ahora queremos remediar el pasado,
como si los años pudieran retornar;
lo mejor hubiera sido haber amado
y no hubiera recuerdos para lamentar.

No debemos odiar ni guardar rencores,
¿por qué llevarse mal unos con otros?
Cuidémonos de ser depredadores
del cariño, como salvajes potros.

Si a usted le gusta sentirse perdonado
y desea que Dios perdone sus ofensas,
no olvide que según sea comportado
así recibirá su recompensa.

Sea misericordioso con su gente,
muchas veces lo somos con extraños
y a quienes debemos amar tiernamente,
los tratamos como a perros huraños.

Nos convertimos en luz de la calle,
cuando tenemos oscura la casa,
regalando a la gente bonitos detalles;
una hipocresía sumamente crasa.

Por tanto ame a su familia, sus hermanos,
sienta el gozo de amar, de hacer lo bueno.
Extiéndale a todos su bondadosa mano,
evitando el *yo primero* que es veneno.

Ame a cada hermano ¡con toda ternura!
Ponga su grano de arena edificando
la unidad en la familia que perdura
y sus recuerdos lo estarán regocijando.

No esperemos el día triste que alguien muera,
y reflexione ahora mismo, hay que cambiar;
demuéstrele amor a todos, de manera,
que su buen trato lo puedan apreciar.

Haga de ella un oasis de paz y alegría,
donde domine por siempre el amor,
demostrándole cariño noche y día
y tendrá las bendiciones de su autor.

Respete la Jefatura

Cuando el hombre y la mujer
se unen en matrimonio
plasman en su testimonio
que cumplirán su deber.
Que mientras tengan poder
uno al otro se amará
y cada uno cuidará
de su pareja elegida
hasta el final de su vida,
lo que los separará.

Al casarse una pareja,
bajo el arreglo divino
emprende un nuevo camino
que un nuevo vivir refleja.
Cuando surja alguna queja,
nunca se le lleva al suegro,
cosa de lo que me alegro;
el problema es de ellos dos,
y con la ayuda de Dios
no hallarán problema negro.

Que los suegros no se metan,
por ninguna bobería
porque pierde autonomía
el hombre, no lo respetan.
Los que se casan aceptan
su responsabilidad
de asumir la autoridad
cuando surja alguna cosa
que arreglará con su esposa
en plena privacidad.

El meter la cuchareta,
sin una razón de peso,
es complicarle el proceso
por su actitud indiscreta.
Prueba que no se respeta
a la nueva jefatura.
Déjela que ella madura
venciendo dificultades
obteniendo habilidades
para una cuestión futura.

Los suegros entenderán
que el casado casa quiere
y todo lo que a él confiere
por ley lo respetarán.
Así no se inmiscuirán
en cosas de la pareja.
Hasta que se haga una vieja
viviendo su propia vida,
respete su iniciativa
que tiene entre ceja y ceja.

Quizás la suegra al pensar
que la hija tiene razón,
al apoyar su opinión
los empieza a separar.
Su hija comienza a mirar
a su esposo deficiente,
aunque este sea diligente
y trabaje como un rallo,
solo nota cada fallo
y lo trata indiferente.

Si el suegro por otro lado
interviene en sus asuntos
impide que luchen juntos
y así lo hace un desdichado.
Se sentirá mutilado
el nuevo esposo al pensar
que lo quieren manejar,
ya sea la madre o el padre,
y es justo que no le cuadre,
si es cabeza de su hogar.

La esposa lo quiere ver
como su jefe o cabeza
desplegando su destreza
en lo que tenga que hacer.
Ella siente gran placer
al ser bien representada
por el hombre y escudada
ante cualquier amenaza
porque es su amor y su plaza
fuerte donde está confiada.

Si, el hombre debe dejar
a sus padres para ir
con su esposa a convivir
en su legitimo hogar.
Como cabeza ejemplar
ha de equiparse a conciencia
para escuchar con paciencia
cuando a su esposa consulta
y verá el bien que resulta
de no usar la prepotencia..

Todo el que se casa quiere
tener libertad de acción
dentro su jurisdicción,
en todo lo que a él confiere.
Lógicamente, requiere
prepararse de antemano;
para no ser un tirano
con la que le dé su amor
y espera de él lo mejor
del comportamiento humano.

Ya no serán dos personas,
la pareja se hace uno
y no hay momento oportuno
para las frases mandonas.
Ni actitudes abusonas;
trabajarán lado a lado.
Su compromiso es sagrado
para la honra de su autor;
el magnífico Creador
de un acto tan delicado.

El romper esta unidad
sin legitima razón
es digna de una sanción
por la falta de lealtad.
¿Quedará en impunidad
una traición semejante?
El pensarlo es agobiante;
ya sea varón o sea hembra,
se siega lo que se siembra,
aunque sea más adelante.

Una vez constituida
la célula familiar
cada uno debía pensar
solamente en su elegida.
Pactar por, toda su vida,
con sus ojos nunca ver
un posible de placer
con una mujer extraña,
al mismo tiempo que engaña
a su esposa, su mujer.

La mujer también debía
tener vista solamente
para su galán valiente
y darle mucha alegría.
Para que la simpatía
original no se empañe
haciendo lo que le atañe
como la esposa leal
sin verse ante el tribunal
Divino porque lo engañe.

Sin embargo hay ocasiones
que cual debilucha hebra
un matrimonio se quiebra
por las expuestas presiones.
Porque sin haber razones
la familia se inmiscuye
criticando y contribuye
a que alguno ya no vea
la pareja que desea
y aquella unión se destruye.

El hombre como cabeza
de la familia reciente
debía de obrar sabiamente
al tratar sin aspereza.
Aunque sea cierto que empieza
a dirigir un hogar,
no hay por qué minimizar
su talento cuando falla;
su esposa en esta batalla,
siempre lo debe apoyar.

No le quitemos el mando;
que desarrolle su arte,
cumpliendo con cada parte
sin que lo estén cuestionando.
Si ella lo ve titubeando
le perderá la confianza,
y puede que aquella alianza
que firmó con tanto amor
comience a perder valor
si ve que el sueño no alcanza.

No son todas las esposas
que están prestas a apoyar
cuando hay constante fallar
y jefaturas tediosas.
Ellas desean que las cosas
puedan salir adelante;
pero si se hace tirante
apoyar su jefatura
no se sentirá segura
y busca otro comandante.

El hombre debe ser fuerte;
para ella como un titán,
un valiente capitán
que no espera por la suerte.
Resuelto frente a la muerte,
en este mar turbulento
demostrando su talento
y gran amor por su esposa,
mirándola en cada rosa
con un bello pensamiento.

Suegros quiero, por favor,
sugerir una vez más,
que no se metan jamás
para que crezca el amor.
Concédanle gran honor
para actuar con libertad;
y fomenten la unidad
dejándoles decidir
su manera de vivir
y tendrán felicidad.

TRÁFICO HUMANO, Y AMENAZA DE EXTERMINIO PARA LA TIERRA Y LA RAZA HUMANA.

El tráfico humano

Cuando recordamos la trata negrera,
recordamos algo sucio, inaceptable;
hombres negros vendidos en su era,
a trabajar en condiciones deplorables.

Trabajando sol a sol, más que los bueyes,
bajo el látigo de insensible mayoral,
sin el mínimo respaldo de las leyes;
solo un poco de comida su jornal.

Enfermos, moribundos trabajando,
para un amo despiadado, diariamente,
hasta caer en el surco agonizando
y morir bajo los golpes, atrozmente.

No es extraño que hoy también esté la trata,
en el siglo de máximo esplendor;
aquel que se resiste se le mata,
por la mano de un coyote o de un traidor.

Pero no es trata de negros africanos,
no les importa la raza que sea;
hombres, niños y mujeres ¡ qué inhumano!
Vendidos, a sufrir diabólica odisea.

Se les obliga ejercer prostitución,
una empresa que deja gran ganancia;
a costo de su sangre y toda humillación,
exhiben sus dueños su fina elegancia.

Las niñas y niños que quedan heridos
en su conciencia, después de violados;
se sienten indignos de ser acogidos
de aquellos hogares que han abandonado.

La vergüenza los destroza en su interior,
y sintiendo que no tienen dignidad,
se resignan, renunciando a su pudor,
a la vida sucia de la promiscuidad.

Pero algunos no soportan esa vida,
vacía, sin sentido ni esperanza,
y se convierten en violentos homicidas
para saciar la sed de su venganza.

O cortan su existencia de inmediato,
por no dejarse explotar injustamente,
aboliendo de ese modo su maltrato;
condenando ese vivir tan indecente.

Así millones se van del hogar
tras el dulce sueño de una vida mejor.
Como peces hambrientos los suelen pescar
en la red de la trata que siembra el terror.

¿Por qué el gobierno del hombre no ha acabado
con estos actos de tanta maldad?
¿No habrá algún gobierno preparado
para limpiar la Tierra de esta iniquidad?

¿Por qué si hay tantos policías cuidando,
secuestran a la gente en sus narices?
¿Será que estamos sobre el mar arando
que no arranquemos el mal con sus raíces?

Amenaza de exterminio

Ya tenemos mil millones
sufriendo extrema pobreza
y enfermos de la tristeza
desando otras condiciones.
Mientras hacemos aviones
a costos muy elevados,
para ir a matar soldados,
los cuales muren por miles;
y muchísimos civiles
que no están involucrados.

Las bombas equivocadas
matan familias enteras,
como si se les pusiera
una feroz emboscada.
Otras se quedan diezmadas,
al perder a su papá,
quedando con su mamá,
quien lucha a brazo partido
por darle lo requerido
del doble papel que hará.

Se nos puede exterminar,
y es una amenaza crasa,
siete veces como raza
y la vida terminar.
La Tierra, el aire y el mar
pudieran ser arruinados
por un desequilibrado
tacto que se equivocara
y la guerra nos dejara
en el polvo transformado.

Peces y aves indefensos
y la vida submarina
están sufriendo la ruina
en un ambiente muy tenso.
Pero ¿ hasta cuándo, yo pienso,
seguirá el hombre arruinando
el planeta y alardeando
de los logros obtenidos
cuando este planeta herido
veo que se está desangrando?

¿De qué sirve tener autos
que casi pueden volar
cuando tenemos que estar
en constante sobresalto?
Porque el secuestro, el asalto,
dejan de ser epidemia
para volverse pandemia,
multiplicándose el mal
cuando el poder judicial
parece morir de anemia.

El agua tiene veneno,
el oxigeno impureza
y en los bosques con fiereza
la tala no tiene freno.
Las amistades del reno,
con espíritu sombrío,
sienten el escalofrío
que augura su mala suerte
porque están bebiendo muerte
en las aguas de su río.

Parte de la agricultura,
también ha sido dañada,
la que se halla dedicada
a producción de verduras.
Pero esta gran aventura
no afecta aquellos magnates,
porque no comen tomates
ni plantas que fumigaron
con los químicos que echaron
porque temen que los mate.

Le temo a esos alimentos
que se cosechan así
y se venden por ahí
como puros cien por ciento.
Pero ellos están contentos
con esa gran producción;
porque allí en su corazón
se rinde culto al dinero
y no ven el desespero
que sufre la población.

Mientras que un avión fumiga
el campo contra las plagas
le lanza un millón de dagas
a nuestra mejor amiga;
la abeja que en su barriga
lleva la miel al panal,
con un sabor especial,
como un regalo de amor
enviado por el Creador
de obrera tan ejemplar.

En su labor voluntaria,
vespertina o matutina,
el hombre las asesina
cuando fumiga en su área.
Es una cosa arbitraria
contra semejante obrera,
que en su trabajo se esmera
para beneficio nuestro;
y ahora reciba un siniestro
maltrato de esta manera.

Es un ejemplo sencillo,
para no mencionar tantos,
que nos produce quebranto
y oscurecen todo brillo.
Por la falta de un caudillo
que posea las facultades
y todas la cualidades
requeridas del gobierno
que cure el dolor interno
por tantas calamidades.

Me conmueve recordar
un crimen tan angustioso
contra un ser tan laborioso
que trabaja para dar.
Más bien se debía cuidar
con un amor abnegado,
por su arte tan delicado
y su espíritu altruista
donándonos su conquista,
aunque no la hemos amado.

Progreso y contaminación ambiental

Es innegable el progreso
que la ciencia ha conseguido
pero el hombre no ha podido
conquistar la paz con eso.
Ha sido largo el proceso
para mejorar la vida.
Le dimos la bienvenida
a la ciencia en desarrollo
y hemos caído en el hoyo;
un callejón sin salida.

Alcanza logros brillantes
combatiendo enfermedades
mientras las atrocidades
parece que van delante.
Pero existe una constante
que domina en el hogar;
la causa que hace penar
al hombre sin excepción
y no hallan la solución
que la pueda eliminar.

Hemos viajado a la luna,
nuestro próximo vecino,
en un viaje peregrino
y no hay mejora ninguna.
Se derrocha una fortuna
inmensa en este programa
mientras la Tierra reclama
ayudas que nunca vienen
cuando hay familias que tienen
el suelo como su cama.

Otro crimen desmedido
que gran dolor ha causado:
el petróleo derramado
en el mar que está ofendido.
Tal parece que ha querido
expulsar a los extraños;
cansado de tanto engaño
de promesas protectoras,
en olas aterradoras
con irreparable daño.

La ciencia y tecnología
por un lado favorecen
y por el otro estremecen
la base de la alegría.
Porque vivimos día a día
una seria expectación
de que una conflagración
nuclear pueda producirse
y la Tierra convertirse
en una desolación.
La Biblia. Relación 11:18

Si, la ciencia ha progresado,
pero continúa la guerra
contaminando la Tierra
con los químicos usado.
Los productos desechados,
lanzan al mundo marino,
que le reclama al Divino
porque su vida peligra,
denunciando ante la migra
una invasión de asesinos.

Abuso en la caza

En los tiempos de mi infancia
abundaba la torcaza,
gallineta, la yaguasa,
patos de gran elegancia.
Y el flamenco a la distancia
hacia sábanas rosadas
en numerosas bandadas
que hermoseaban el lugar;
y hoy podemos apreciar
solo aguas abandonadas.

Venían tantos cazadores
a divertirse cazando
que las mataban volando
como expertos tiradores.
A los lugares mejores,
como guía, yo los llevaba,
sin darme cuenta que estaba
contribuyendo también
a la ruina de un edén
de aquellos bosques que amaba.

Miles y miles de patos,
de palomas y flamencos,
formaban un bello elenco
divirtiéndonos a ratos.
Hoy comprendo lo insensatos
que eran esos cazadores,
cometiendo estos horrores,
matando por diversión
a la mansa población
de aves multicolores.

La comercialización
clandestina de animales,
son negocios criminales
porque arruinan la creación.
Es una devastación
que la fauna está sufriendo.
Se están desapareciendo:
rinoceronte, elefante,
con el tigre elegante
y otros ya no están viviendo.

Nuestros cielos se entristecen;
los bosques están de luto
por el exterminio bruto
de aves que desaparecen.
Nuestros campos no merecen
sufrir nostalgia tan fría
por la dulce compañía
de las aves que anidaban
en su seno y que llenaban
el ambiente de alegría.

Muchos polinizadores
se están extinguiendo, si,
como el mismo colibrí,
el amigo de las flores.
Él venía por los sabores
de sus mieles que libaba
y a cambio les transportaba
el polen que producían
mientras se reproducían
cuando a otras polinizaba.

Hemos dañado el ozono
con el vuelo de las naves,
como fantásticas aves,
al exterior de este cono.
Debe producirle encono
a nuestro sabio Creador
de ese escudo protector
del hombre y los animales,
contra balas celestiales
y el exceso de calor.

Hecho para que proteja
de rayos ultravioleta,
en este hermoso planeta
al hombre y a las abejas.
Un arreglo que refleja
el amor por sus criaturas,
para que viva segura
la humanidad trabajando;
y el hombre lo está arruinando
en cósmicas aventuras.

Abunda el cáncer de piel,
como triste consecuencia
del éxito de la ciencia
tan perseverante y fiel.
Pero ha bajado el nivel
de protección de este escudo
con ese proyecto rudo
de la carrera espacial,
cuando aquí prospera el mal
y nos acecha a menudo.

Cada nave que atraviesa
el espacio de esta gema
al ozono se le quema
parte de su fortaleza.
Un milla ¡qué tristeza!
le quema en su recorrido.
Quedamos desprotegidos
de la radiación solar
bajo esa herida mortal
que el hombre le ha producido

El gasto militar

El gasto militar exagerado
es la ruina para todas las naciones;
el recurso de los pueblos han usado
incrementando peores condiciones.

Ese costo desmedido está arriesgando
las cosas que queremos proteger;
millones de niños siguen expirando,
descalzos, desnudos, sin comer.

Cinco millones de niños en la guerra
del hambre van cayendo cada año;
el analfabetismo invade la tierra
y esta vida triste parece un engaño.

Como abundan las falsas promesas;
algunos padres salen de su casa
y dejan su familia en la pobreza
con la angustia del hambre que pasa.

Carentes de servicio sanitario,
arrojan los deshechos en el río
donde todo el pobre vecindario
bebe el agua que usa en su bohío.

No hay vacunas para aquellos sin dinero
y enfrentan epidemias a menudo;
tristemente, como meros pordioseros,
enfermos, debiluchos, casi mudos.

Miran al cielo con lánguidas miradas
suplicándole a Dios que los mire;
como rebaño de ovejas dejadas
a su suerte y no importa que expire.

Es muy duro para un padre ver morir
a su hijo sin poder alimentarlo;
y la madre se muere de sufrir,
aunque quiere no puede amamantarlo.

El dolor de esta madre es intenso,
ni un mar de lágrimas ahogaría su pena.
Así no fue la vida en su comienzo;
era dulce, llena de amor, era plena.

Hay dinero para el hombre de grandeza
y abunda para gastos militares;
cuando millones viven en pobreza
y no tienen derechos escolares.

No pueden ir al hospital sin el dinero
y se mueren sin que un médico los vea;
sin embargo se derrocha un verdadero
dineral en las armas de pelea.

No sé si son muchos los adinerados
que han querido palear la miseria,
pero el mundo del pobre ya está desangrado
y no hay manera de sellar su arteria.

Apreciamos el esfuerzo que han hecho;
que Dios les compense por ser generosos,
y que puedan poner en su pecho
la esperanza de un mundo amoroso.

Pero el hombre no puede acabar
con la pobreza que ha creado en el mundo;
son muchas las madres que suelen llorar
porque muere un niño cada diez segundo.

¿ Por qué el gobierno del hombre no ha podido
eliminar de la Tierra la pobreza,
si en el campo de la ciencia ha conseguido
un sinnúmero de brillantes proezas?

¿Por qué el mundo se sigue complicando
a pesar de los esfuerzos coordinados?
¿Por qué la madeja se sigue enredando
como por un genio maligno obstinado?

¿Por qué el futuro del hombre es incierto?
¿Por qué las promesas son como neblina?
¿Por qué la amenaza de hacerse un desierto,
nuestra Tierra que a todos fascina?

¿Por qué esa injusta diferencia salarial
con los obreros que se gastan trabajando,
cuando el mundo rico amasa el capital
y la pobreza en el mundo va aumentando?

¿Por qué los pueblos se amotinan con violencia?
¿Por qué las guerras que arruinan la tierra?
¿Hasta cuando Dios mostrará paciencia
para liberarnos con su Justa Guerra?

El planeta se queja a los cielos
por que el hombre injusto lo sigue arruinando;
y remite su causa al Dios de consuelo,
por quien toda la creación está esperando.

Esta cruda realidad que estamos viendo
nos dice que se acerca el fin de la maldad
y en lugar de la opresión que estamos sufriendo,
su Justo Gobierno traerá libertad.

RAZONES DEL FRACASO
DEL HOMBRE:
DESOBEDECER A
DIOS. UN MALVADO SE
HACE GOBERNANTE
A ASIMISMO Y SE LE
PERMITE GOBERNAR
PARA QUE PRUEBE SUS
ALEGACIONES DE SER
MEJOR GOBERNANTE.

Razones del fracaso

¿Por qué el gobierno del hombre no ha podido
terminar con los problemas mencionados?
Primeramente, por prestar oído
al archí enemigo de su padre amado.

Una criatura espiritual muy poderosa
pudo ver la humanidad sirviendo a Dios,
en una visión profunda y hermosa;
y una fuerte envidia su corazón sintió.

Pudo ver la humanidad en armonía,
adorando a Dios con todo el corazón;
y él, planeando cómo aquello lograría,
maquinó de inmediato la traición.

Disfrutaba de paz el universo;
Adán y Eva no tenían por qué temer.
El hombre en su trabajo estaba inmerso.
¡Era un verdadero paraíso de placer!

Dios hizo todo aquello por amor,
para el placer de los pueblos que vendrían.
Como Creador, padre, juez, legislador,
esperaba que a sus leyes amarían.

Dios casó aquella pareja y la bendijo,
la institución más vieja de la historia;
les ordenó multiplicarse, tener hijos,*
y que fuera a su Dios toda la gloria.
Génesis 1:28

Sus hijos nacería sin un defecto,
por lo que nunca sufrirían enfermedades,
como descendientes de padres perfectos;
excepto de todas las debilidades.

Estando dotados de libre albedrío,
podrían escoger lo bueno o lo malo;
si violaban la ley, por algún desvío,
perderían, tristemente, aquel regalo.

Como criaturas perfectas vivirían
sin tener que esperar un día la muerte;
hasta los animales en paz estarían,
y la amistad con su Dios sería muy fuerte.

Al escuchar la voz del adversario
se le unieron en injusta rebelión,
para recibir el triste salario
correspondiente a su tonta decisión.

Deberían agradecer a su Creador
que colocó en su corazón la libertad
de escoger obedecerles por amor
o practicar deliberada la maldad.

Fueron dotados con el don para elegir,
lo mismo que los ángeles del cielo;
si eran obedientes no habrían de morir,
si no, volverían al polvo del suelo.

La criatura espiritual que los indujo
a rebelarse, como «Diablo» y «Satanás»,
como «Diablo» con mentiras los sedujo
y desde entonces la mentira es su disfraz.

«Satanás» significa: -opositor-
«resistidor» al propósito de Dios.
Él es el genio de la traición mayor;
y la primera pareja se le unió.

Resultados de le desobediencia

Muchos piensan que Dios hizo a este malvado,
el asesino más grande conocido;
a miles de millones ha asesinado
pero va a recibir su merecido.

Jehová nunca ha cometido algún error
y todos sus caminos son justicia;
la maldad desarrollada en el traidor
nació de su ambición y su codicia.

Todos sus caminos son perfectos.
Su creación es intachable, inmejorable;
si nosotros sufrimos mil defectos,
es el pecado heredado, inevitable.

La pareja fue expulsada del hogar,
y perdieron el hermoso paraíso.
Su acto rebelde tenían que pagar;
falló en aquella prueba porque quiso.

Perdió su libertad, su perfección,
y ganó la esclavitud a su pecado;
se hizo presa de la muerte sin perdón,
retornando al polvo, su anterior estado.

Perdió su estrecha relación con Dios,
el tesoro más valioso del humano.
Perdió el privilegio de escuchar su voz
al rechazarlo como su soberano.

Ahora fuera del Edén iba a sufrir;
a ganarse con rigor el alimento,
comenzar a envejecer hasta morir
bajo el flagelo de su remordimiento.

Ahora están abandonados a la farsa
del que dijo que su Dios los engañaba.
La tierra le produce espinos y zarza;
¿dónde está la gloria de que les hablaba?

Ya los tiene de su lado como él quiso,
porque escucharon su falsa promesa.
No les ha cumplido ningún compromiso
y ha creado este mundo de violencia y tristeza.

Jehová Dios había advertido a su hijo Adán:
«de tal fruto del jardín no comerás; *
de todos los demás disfrutarán
pero si comes de él, seguro morirás»
Génesis 2:17,parafraseado. *

*«Dios sabe bien que si comen de ese fruto,
de inmediato sus ojos se abrirán
-argumento maligno del astuto-
y entonces como Dios mismo serán»
Genesis3:2--5, parafraseado.

Arguyó que su Creador había prohibido,
justamente lo que más ellos tenían:
libertad, perfección y bendecidos
con la vida eterna que disfrutarían.

Apelando al arte femenino
consiguió que Eva sedujera a Adán,
oponiéndose al propósito divino;
iniciándose el gobierno de Satán.

Adán, profundamente enamorado,
atendiendo demasiado a su mujer,
olvidando lo que Dios le había ordenado,
aceptando del fruto se puso a comer.

Jehová Dios castigaría a los delincuentes;
no podía permitir aquel desorden.
Sus criaturas perfectas obraron conscientes;
como Juez Supremo haría valer el orden.

«Por cuanto escuchaste la voz de tu mujer,*
y comiste del fruto prohibido morirás
—Adán, del polvo de la tierra, vino a ser-
porque polvo eres y al polvo volverás»

«Espinos y cardos la tierra te dará.
Con el sudor de tu rostro comerás el pan.
Maldita la tierra por tu causa será»
¡Qué caro pagó la desobediencia Adán!

Y a la esposa seductora Dios le Dijo:
«por el hombre será tu vehemencia.
Con dolores de parto parirás tus hijos»,
como castigo por la desobediencia.
Génesis 3:15--18, parafraseado*.

Dios predijo una larga enemistad
entre las dos descendencias futuras:
la descendencia del malvado Satanás
y la de aquella mujer testaruda.

Cuando vino la muerte de Abel,
por el celo de su hermano Caín,
se esparció la violencia como un fuego
en sus múltiples facetas hasta el fin.

Satanás se hace gobernante asimismo

Es la primera razón
por qué el hombre no ha podido
sanar este mundo herido
en el mismo corazón.
Desde la sublevación
por aquel ángel traidor,
nos ha plagado el dolor
de tan diversas maneras
que no parece que fuera
posible un mundo mejor.

Pero Jehová con firmeza
le prometió a la serpiente
que el Cristo, su hijo o cimiente,
le aplastará la cabeza;
a quien hirió con fiereza
en el talón al morir.
Pero no pudo impedir
que Cristo resucitara
de la tumba y demostrara
que Dios no puede mentir.

Adán y Eva disfrutaron
de todo lo que era bueno
hasta que llegó el veneno
de aquel cuento que escucharon.
Por ingratos no apreciaron
tanta bondad expresada:
la bendición otorgada
por Dios cuando los casó;
ni un ápice se apreció,
del todo fue rechazada.

Hoy sufrimos frustración
por el pecado heredado
porque fuimos engendrados
después de la rebelión.
El acto de concepción
es vivero del error,
donde se engendra el dolor
y las equivocaciones;
con tantas desilusiones
soñando un mundo de amor.

Soñamos y no tenemos,
planeamos pero fallamos,
deseamos y no logramos;
detrás del viento corremos.
Mas por mucho que luchemos
por conseguir la equidad,
a causa de la maldad
que llevamos en las venas,
se multiplican las penas
de toda la humanidad.

El hombre ha probado todo,
todo tipo de sistema,
pero persiste el dilema:
cada cual lucha a su modo.
Buscar su propio acomodo
es asunto general;
y sería un caso especial,
que un vecino esté muriendo
y otro lo esté socorriendo
esperando su final.

Este mundo está vacío,
ya no hay cariño ni amor,
triste imperio de dolor,
ciudad de un cielo sombrío.
Temblamos de escalofrío
al pensar en el futuro
porque no hay nadie seguro
prolifera la violencia,
la corrupción, la indecencia;
estamos en grave apuro.

Pocos quieren hacer bien,
están llenos de malicia
y domina la codicia
que se originó en Edén.
Se manifiesta desdén
al orden y la decencia.
Glorifican la violencia
y la conducta inmoral
desde aquel original
acto de desobediencia.

Al hombre le es imposible
vencer las fuerzas del mal
de la región celestial:
espíritus invisibles.
Solo ángeles invencibles
de un ejército ya listo,
lo tiene todo previsto
para iniciar la batalla
con la fuerza que no falla
al mando de Jesucristo.

Esto nos da un acicate
para esperar la victoria,
porque a través de la historia
no ha perdido ni un combate.
Será el día que Dios desate
su furia sobre Satán.
Como el asirio serán
hasta el polvo derrotados;
no importa cuán bien armados
estén, todos morirán.

Asiria un día desafió
a Dios mediante un ardid
y su rey Senaquerib
la gran derrota sufrió.
El Rey Ezequías oró
a Jehová por protección,
y Dios le dio la misión
al ángel de su confianza,
quien le causó una matanza
nunca vista a aquel bocón.

Senaquerib quedó vivo
con algunos de su cota
para contar la derrota,
por desafiante y altivo.
Con espíritu pasivo
volvió a Nínive aplastado,
a donde fue ejecutado
por sus hijos a traición
y su hijo Esar-Hadón
en su trono fue instaurado.

Toda aquella rebeldía
manifiesta contra Dios
se eliminará veloz
en el juicio ese gran día.
Porque la Soberanía
de Dios tiene que triunfar
para que pueda salvar
a la Grande Muchedumbre;
portadora de la lumbre
para el que se deja guiar.

Solo su ejército puede
los demonios apresar
y a Satán encadenar
como peces en las redes.
Para que la Tierra quede
como en la Biblia se narra:
«...cada uno bajo su parra
tranquilo se sentará»,
en paz y se sentirá
liberado de sus garras.

Así le hizo al faraón,
a Sísar y Belsasar,
y a Babel la hizo arruinar
hasta su plena extinción.
Aunque es un Dios de perdón
para el que se ha arrepentido;
el enemigo ha sabido
que con Jehová no se Juega
porque siempre los entrega
al azote prometido.

Siempre cumplió el compromiso
de proteger al que ama,
mientras la justicia en llama
al enemigo deshizo.
Usó la lluvia, el granizo,
con gran efectividad
para ayudar a Barac,
combatiendo al rey Jabín
para que su pueblo, al fin,
gozara de libertad.

Una vez monte Seir
seguido de Moab y Ammón
colectaron un millón
de hombres para morir.
Al intentar invadir
a la pequeña Judá,
vino el ángel de Jehová
y echándolos a pelear
ni uno se pudo escapar;
se mataron sin piedad.

Cuando Jehosafat llegó,
debió sentir desconcierto:
el campo estaba cubierto
de muertos que él no mató.
El mismo ángel que ahogó
al faraón en el mar
había venido a salvar
a la pequeña nación
que suplicó protección
de la invasión militar.

Estos hechos recogidos
en la historia nos importan
porque al corazón confortan
para continuar erguidos.
Nuestro Dios siempre ha sabido
apoyar al que confía
en su amor, con garantía,
que a los humildes extiende
y al que con valor defiende
su justa soberanía.

Fue refugio en el pasado,
como es en la actualidad
de la mixta sociedad
que su corazón le ha dado.
Su pueblo será escudado
frente a cualquier agresión;
y en la gran tribulación,
el día temido y terrible;
sus hechos lo harán visible
para nuestra salvación.

¿Comprende amable lector,
que el hombre no puede hacer
nada para detener
la mano de ese traidor?
El Diablo no tiene amor;
es un gobernante horrible,
es cruel, sádico, temible,
y su ejército es igual:
una fuerza espiritual
de soldados invisibles.

Maneja cada organismo
que los hombres han formado
y lo que han planificado
siempre resulta lo mismo.
Porque con puro cinismo
interrumpe todo acuerdo,
y desde que yo recuerdo
el hombre ha estado luchando,
pero el Diablo gobernando
los mantiene en desacuerdo.

El Pecado
Segundo impedimento

El segundo impedimento:
un enemigo muy fuerte;
el causante de la muerte,
la vejez y el sufrimiento.
Enemigo que está dentro,
presente en cada latido,
desde que uno es concebido
en el vientre de la madre:
la herencia de nuestro padre,
y al cruel pecado vendidos.

Fuimos vendidos y atados
como esclavos indefensos,
desde aquel mismo comienzo,
a un amo tan despiadado.
Es un poderoso aliado
del gobierno de Satán.
Todos los pueblos están
bajo su yugo opresivo
como los tristes cautivos
que un día se liberarán.

¿Y en qué ha resultado ser
un dominio sin amor?
Una fuente de dolor
que nadie puede esconder.

Hoy cualquiera puede ver,
teniendo corta visión,
que por muy buena intensión
que tenga originalmente,
el hombre no es competente
para la gobernación.

El hombre muere y termina
el plan bueno que tenia,
y del que se esperaría
mejora, todo lo arruina.
Porque el hombre no domina
el camino de su andanza;
y aunque firme mil alianzas
con distintos organismos,
el mundo sigue lo mismo,
muriendo sin esperanza.

El pecado ha sido un amo
cruel sobre la humanidad,
con tanta fragilidad
de la vida como el tamo.
No importa donde vallamos,
tenazmente nos persigue.
Y su objetivo consigue
cual pescador con su redes;
escapar de él nadie puede,
aunque de acero se abrigue.

Donde quiera está presente,
en pensamiento y acciones
y hace que los corazones
se dobleguen diariamente.

Hace pecar inconsciente
debido a su arte sutil
con un oscuro perfil
de historial como asesino,
apostado en el camino
y nunca baja el fusil.

El pecado es un verdugo
que no se puede atrapar
y nos hace fracasar
haciendo lo que le plugo.
Es pesadísimo yugo,
extracto de imperfección,
veneno de destrucción,
y además, aliado fuerte
del sepulcro y de la muerte,
desde que hubo rebelión.

Enemigo que llevamos
en la sangre y en la mente,
hostigador persistente
que se ve cuando fallamos.
Por él nos desanimamos,
y nos abate lo mismo
el pesar que el pesimismo
cuando alguna idea genial
se oscurece con el mal
del inherente egoísmo.

En efecto fuimos hechos
para que Dios nos dirija,
no que el hombre nos aflija
y gobierne sin derecho.

Dios nos colocó en el pecho
una brújula: conciencia
que hace una gran diferencia
del hombre y del animal
como creación especial
cuyo hecho aprueba la ciencia.

Tercer impedimento

El hombre no puede estar*
bajo el dominio del otro;
se rebela, como el potro
que no se deja domar.
Le es difícil aceptar
su gobierno, y con razón,
porque la administración
del dios de la libertad
no le dio la facultad
de ejercer dominación.
Eclesiastés 8:9. *

De darle dominación
sobre de su semejante,
no la tuvo ni un instante,
Dios, en su imaginación.
Después de su rebelión,
ya imperfecto y pecador,
iba a resultar peor
la gobernación del hombre
porque buscando renombre
causaría mucho dolor.

Pues buscaría ensalzamiento
sobre sus propios hermanos
como hace cada tirano
plagando de descontento
a su pueblo en el intento
de establecer su gobierno,
para complacerse en vernos
humillados a sus pies
y así demostrar que es
tan fuerte como el Eterno.

Es como dice el Divino:
no es del hombre guiar su pasos *
porque lo lleva al fracaso,
ni es señor de su camino.
Desde que el pecado vino,
por la tonta rebeldía,
el hombre perdió la guía
para conducirse bien
abandonando el Edén,
que feliz ensancharía.
*Jeremías 10:23**

¿Verdad que a usted no le gusta
que algún hombre lo domine,
y menos que determine
si su decisión es justa?
¿Verdad que a usted le disgusta
que la injusta autoridad
achique su libertad,
reglamentando su vida;
dejando presa, afligida,
y herida su dignidad?

Al hombre no se le dio
facultad de gobernar
al hombre y atropellar
la excelsa creación de Dios.
Desde que el hombre inició
su torpe gobernación
comenzó la humillación,
y el abuso del poder,
sobre el hombre y la mujer
sumidos en la opresión.

Por qué Dios no mató
al Diablo de inmediato?

Como Juez Universal
y dueño de la creación
Dios podía tomar acción
y ejecutar su rival.
Con Eva y Adán; igual,
pudo haberlos destruido;
pero no hubieran nacido
los pueblos que viven hoy,
razón por la cual estoy
sumamente agradecido.

Cuando aquello sucedió
los demás hijos lo vieron,
pero estos no intervinieron
ya que él no lo permitió.
Porque el Diablo desafió
su modo de gobernar;
él tenía que comprobar
sus tontas alegaciones
propiciando condiciones
que nos debían deleitar.

Si lo hubiera ejecutado
hubiera quedado en duda
la pareja testaruda
y los que habían observado.

Pero ahora se ha demostrado
que es legitimo farsante,
pues se le dijo: *adelante,*
planta tu gobernación
y demuestra con razón
que eres mejor gobernante

Y ha probado en seis mil años
todo tipo de gobierno,
con un espíritu interno
maquinando los engaños.
Solo ha sabido hacer daño
a todas las poblaciones;
sufrimiento en dimensiones
nunca antes conocidas
y familias abatidas;
por saciar sus ambiciones.

La Tierra no aguanta más,
su lamento es abundante,
llevado ante el comandante
que aplastará a Satanás.
Necesitamos la paz;
la vida es insostenible.
Tantos crímenes horribles
enlutan cada nación
y nuestra liberación
por el hombre es imposible.

Basta ya de tanto duelo,
la Tierra se halla enlutada,
de lágrimas empapada
porque llora sin consuelo.
Los justos miran al cielo
implorando libertad.

Artos de tanta maldad
que está envolviendo la Tierra,
y a gritos piden la guerra
que acabe la iniquidad.

Nos ha inundado el terror
con sus actos de violencia;
por desear la independencia
del amoroso creador.
Adán le creyó al traidor,
el autor de la mentira.
Y hoy la humanidad suspira
bajo su pesado yugo
que les impuso el verdugo:
que en la injusticia se inspira..

Nuestro Adán pensó que iba
por el camino del bien,
pero al perder el Edén
dio la vaca por la chiva.
Ahora la mano opresiva
de su dios lo explotaría.
El no creyó que sería
consumido lentamente;
ya no sería aquel potente
perfecto, y se acabaría.

Ya hemos visto el resultado
de perder la dependencia
de la fuente de la ciencia
y del amor abnegado.

Ha quedado demostrado
que el Diablo es un mentiroso;
que su sistema es odioso
provocando el sufrimiento,
creando este mundo violento
y ha hecho a la Tierra un destrozo.

Si él hubiera resistido
la oferta que se le hizo
esto sería un paraíso,
y él nuestro padre querido.
Cada hijo hubiera nacido
perfecto como era él.
Si hubiera seguido fiel
a la feliz dependencia
con Dios, no hubiera violencia,
ni este mundo fuera cruel.

No veríamos un anciano
un día esperando la muerte;
todos jóvenes y fuertes,
disfrutando un mundo sano.
Todos los pueblos, hermanos;
se amarían profundamente.
Sería cada continente
todo un copioso jardín;
tendríamos vida sin fin,
feliz, robusta, potente.

Nadie heredaría defectos
en un mundo sin pecado;
de la vida enamorado
bajo un gobierno perfecto.

Nadie pondría algún pretexto,
rehusando alguna tarea;
porque tan solo la idea
de aspirar a un mundo justo,
nos hace sentir a gusto
y nuestra alma se recrea.

Donde no veamos morir,
jamás, algún ser querido;
no ver niños desnutridos
ni un acto que haga sufrir.
Cada rostro sonreír
con una expresión de paz,
porque no hay nadie capaz
de ofender al redentor
en el gobierno de amor
que hoy desafia Satanás.

¿Por qué el hombre no ha logrado
acabar con el temor
y devolverle el amor
al mundo desamorado?
El temor se ha apoderado
de toda la sociedad
y ni una sola ciudad
se ha librado de sus garras;
porque a todos nos desgarra
igual que una enfermedad.

¿Por qué no ha solucionado,
a través de alguna enmienda,
la crisis de la vivienda
de tantos desamparados?

¡Tantos que se han adueñado
de gigantes extensiones
de tierra cuando millones
no disfrutan de un hogar
por no tener un lugar
ni en los más malos rincones!

¿Por qué el hombre no ha frenado,
en un plazo, largo o corto,
la masacre del aborto
que a tantos deja aterrados?
Un crimen legalizado
de millones de inocentes
que asesinan diariamente,
sin poderse defender,
por orden de la mujer
que amarían profundamente.

¿Por qué no ha sido capaz
de acabar los accidentes
que matan los inocentes
como una fiera voraz?
Si amamos tanto la paz
¿Por qué hay tanta rebelión?
Si soñamos con la unión
y armonizar como hermanos
¿Por qué abundan los tiranos
que oprimen cada nación?

Aunque le sobre el deseo,
y luche de corazón,
le falta la dirección
para alcanzar su trofeo.
Cambiar este mundo feo,
para el hombre es imposible.

Hay un gobierno invisible,
y por esto no se asombre,
que está dirigiendo al hombre
a la ruina ineludible.

Tiene un ejército fuerte,
de la región celestial,
que se ha dedicado al mal
y va sembrando la muerte.
Es consciente que su suerte
será una amarga derrota,
mientras oprime su bota
sobre el hombre, con violencia,
propagando la indecencia
y la crueldad que se anota.

Como aquellos seis millones
de judíos que incineró
Hitler, cuando desafió
al Dios de las bendiciones.
Masacres en las regiones
de otros campos, en cuadrilla,
sufriendo una pesadilla
la indefensa población
cansada de la opresión
y de vivir de rodilla.

Y mientras no llegue el fin,
como Dios se lo propuso,
seguirá siendo el abuso
placer de su paladín.
No cantará el tomeguín
con espléndida alegría;
de luto la sinfonía
del bosque se escuchará
porque solo tocará
una triste melodía.

Y ¿para qué relatar
otros acontecimientos
en atentados violentos
que solo causan pesar?
El hombre suele soñar
con acabar la opresión.
Pero esa liberación
solo se puede obtener
por el Divino poder
el día del Armagedón.

PESE A LOS PELIGROS A
QUE NOS ENFRENTAMOS,
LA TIERRA NO SERÁ
DESTRUIDA Y LA VIDA
CONTINUARÁ PARA
SIEMPRE, ASÍ COMO
LOS HUMANOS QUE
SE PREPAREN PARA
SOBREVIVIR AL FIN
DE LA MALDAD.

Reclamo en silencio

Cuando la luna sale de su nido,
como águila de caza, vigilante,
va reconociendo al planeta herido
con su triste mirada penetrante.

Con su oído atento escucha cada queja
de aquellos campos que el hombre ha maltratado;
cuyo dolor cada año se refleja
en tantas cosechas que se han arruinado.

La Tierra está herida de contaminantes
y tanta basura que arrojan en ella;
el uso y abuso de fertilizantes.
¡Qué triste y profunda marcaron su huella¡

Las aves protestan por tanto veneno
que llenan sus pulmones noche y día,
y en su plato de alimento, como el heno,
y en el agua envenenada, ¡qué agonía!

Toda la fauna protesta enlutada
clamando a los cielos por una limpieza.
Se han extinguido especies amadas
y cubren los campos dolor y tristeza.

Los peces del mar también se rebelan,
clamando justicia, igual que el humano;
porque esos cambios de clima nos desvelan
y tanto veneno que echan al océano.

El cielo es testigo de este arruinamiento,
mirando millones de peces que mueren;
indefensos, en silencio, sin lamento;
como si la luna les dijera: *esperen*.

En su recorrido la luna lo ve todo
y el cielo está anotando el descontento.
A su vista no se escapa ni un recodo
y promete poner fin al sufrimiento.

El ozono se ha dañado con las naves
que surcan el cielo cual lanzas de fuego,
rasgando el abrigo, ese escudo clave,
que el hombre no puede repararlo luego.

Ese filtro sabiamente diseñado,
con el fin de proteger nuestro planeta,
impidiendo que llegue hasta la gente
y nos dañe el rayo ultravioleta.

Todo es parte de la ruina que ha traído
el mal manejo de los hombres imperfectos;
pero el planeta será reconstruido
y el cielo y la luna nos bañarán de afectos.

La mirada de la luna será hermosa
porque no habrá noticias malas que informar;
gozará la tierra limpia y jubilosa.
Los peces de fiesta, regocijarán el mar.

Por los llanos, los bosques y montañas
correrán los ríos sus aguas cristalinas.
Ya el ozono renovado no nos daña,
ni la fauna tiene plagas asesinas.

Será un viaje placentero, el de la luna,
mirando cosas nuevas en la tierra;
informándole a los cielos: no hay hambruna;
todos son felices, sin odio ni guerra.

Quedará en el pasado esta triste historia.
El producto de la tierra es abundante;
el campo y el cielo a Dios le dan la gloria
por la vida eterna y un mundo brillante.

Conversando con el mar

Gigante azul poderoso,
la humanidad inconsciente,
en actos irreverentes
ha herido tu mundo hermoso.
Sé que luchas sin reposo
en hacer tus aguas puras,
eliminando basuras
que te están contaminando
mientras van asesinando
tus indefensas criaturas.

Yo sé que es triste mirar
tanta contaminación
que arruina la población
que has querido preservar.
Pero se ha de castigar
a los que te causan daño.
Está escrito desde antaño
por el Juez incorruptible,
para que seas apacible
y dejes de ser huraño.

¿Cómo puedo ser amable
y mantenerme apacible
con estos actos horribles
de una ruina incalculable?
Debe pagar el culpable
por todo el daño que ha hecho.
¿O es que no tengo derecho
a mi propia dignidad?
Me han hecho tanta maldad
que me han dejado maltrecho.

Pero mira, no son todos,
esos que te contaminan;
muchos hombres incriminan
estos actos de algún modo.
Muchos repudian el lodo
que la avaricia fomenta
como una feroz tormenta
de la contaminación;
con todo su corazón,
que a veces los desalienta.

Y tu ¿ qué puedes hacer?
Con tu boto no hago nada,
a mi agua contaminada
ya se le suele temer.
Les demostré mi poder
causándoles sufrimiento,
con dos tsunamis violentos
que maté casi un millón,
y una gran devastación;
un espantoso momento

Cierto, hiciste una matanza
incomparable de gente,
donde cayó el inocente
con el malo en tu venganza.
¿Acaso hiciste una alianza
con esa temible ciega
fuerza natural que llega
como una violenta fiera
despedazando a cualquiera
que a su destrozo se niega.

Sí, tengo una alianza hecha
con las fuerzas naturales
contra de los criminales
que han hecho la vida estrecha.
Sabes que han hecho una brecha
al escudo protector
de la Tierra, y el calor
está derritiendo el hielo,
amenazando este suelo
con inundarlo, señor.

Cualquiera se desanima;
se han firmado mil tratados
y los mismos son burlados
por los que están en la cima.
Y la pesca no escatima
ninguna oportunidad
para atrapar sin piedad
especies en extinción:
la ballena, el tiburón;
cualquier otra variedad.

Gigante, yo reconozco,
que como administrador,
el hombre ha sido el peor
dirigente que conozco.
Su trato ha sido muy tosco
con nuestra frágil creación.
Y buscando dirección
de la fuente equivocada,
tiene la Tierra plagada
su torpe administración.

¿Y así me dices que espere,
que use de benevolencia?
Tú no has visto la violencia
que sufren muchas mujeres.
Disfrutan de sus placeres,
saciando sus ambiciones
y acaban las ilusiones
de muchas que echan al mar,
cuando van a descansar
al vientre de tiburones.

Verdad, gigante, no entiendo,
teñir tus aguas de rojo
de sangre por un antojo
en algún crimen horrendo.
Ciertamente está perdiendo
valor la vida, gigante,
cuando un objeto flotante
nos ha resultado ser
el cuerpo de una mujer
despachada por su amante.

He servido hasta de fosa
en distintas ocasiones
hartando a los tiburones
en batallas desastrosas.
Hombres, mujeres hermosas,
y niños he sepultado.
¿No ves que el hombre ha abusado,
haciéndome un basurero?
No, por ese desafuero,
no puedo estar relajado.

Te aseguro que si esperas,
gigante, pacientemente,
no vas a matar más gente
como las hambrientas fieras.
Hay razones verdaderas
por las cuales esperar;
Dios promete eliminar
a los que están arruinando
la tierra y contaminando
tus aguas, hermoso mar.

Amigo sigue esperando,
que yo reafirmo mi alianza
para ejecutar venganza
contra el que me está dañando.
Ellos seguirán burlando
tratados y autoridades.
Ya no hay posibilidades
de que dejen de arrojar
desperdicios en el mar
para más enfermedades.

Mundo, ciudad oscura y tenebrosa

Mundo, ciudad oscura y tenebrosa,
donde todos, sin la luz, andan a tientas;
caminando por las calles peligrosas
y no quieren la guía que nos orienta.

Pero hay un pueblo, iluminado del amor,
que quiere compartir la luz que tiene,
con aquellos que sufren el horror
de imaginar que la maldad nunca se frene.

Antorcha en mano, lleva en alto una gran luz,
alumbrando a los mansos que la aprecian,
los humildes que aceptaron a Jesús;
y los que aman las tinieblas, la desprecian.

Es insólito amar la oscuridad,
pero el mundo prefiere la noche;
su altivo corazón y terquedad,
no admite la censura ni el reproche.

El orgullo ha puesto un velo a su intelecto,
no dejando que la luz pase atreves;
y a los que andan en la luz les ve defectos,
cuando él vive sumido en la embriaguez.

La mentira, el engaño y la injusticia,
las falsas enseñanzas religiosas,
el soborno y toda suerte de codicia;
han hecho parecer la vida odiosa.

También la ausencia de honradez, de la moral,
el amor a los placeres y al dinero;
han hecho del planeta un cenagal,
un imperio de maldad y desafuero.

Son las tinieblas que cubren las naciones,
un manto negro de angustia y desconsuelo;
ventanas proféticas de aquellas visiones,
que inspiraron al profeta desde el cielo.

Por eso no es extraño que la vida,
a tantos les parezca pesarosa,
abrumados sin hallar una salida
consideren que, realmente, no es hermosa.

Una táctica del genio del engaño,
que aprovechando el alma confundida,
la convence de que el mundo no es huraño;
y que a Dios, poco le importa nuestra vida.

No te dejes cautivar de esa blasfemia,
ni permitas que te embote el corazón;
su gobierno está muriendo con anemia
y Dios mismo ordenará su ejecución.

Dios nos ama intensamente y quiere hacer
que tengamos una vida placentera,
en un mundo que está a punto de nacer,
donde florezca el amor en gran manera.

Donde sientas el amor en tus entrañas,
y confíes al cien por cien en tu vecino
y algún desconocido no te extraña;
todos andan en amor, es el camino.

Todo el mundo te amará profundamente,
sin engaño ni malas intensiones;
un mundo sin enfermos ni accidentes,
sin las angustias de la guerra ni tensiones.

El amor regirá todo el planeta;
no habrá divisiones de clases sociales,
de razas ni color; la paz será completa,
y la justicia abrirá sus manantiales.

Nadie sentirá su corazón vacío,
tampoco vivirá desorientado;
ese mundo es tanto tuyo como mío,
el Paraíso, para siempre restaurado.

El fin de las tinieblas

Seguiremos esperando la mañana
que cubrirá este planeta de alegría,
cual tierra sedienta, a la lluvia temprana,
que vista los campos de luz y armonía.

Esperamos el fin de las tinieblas,
cuando se levante el sol de la justicia
y resplandezca su luz antiniebla
poniéndole fin a toda injusticia.

Ya no hará falta barrotes ni rejas,
los perros guardianes ni las cerraduras.
Ni un solo disgusto, pesares ni quejas;
todos actuaremos con plena cordura.

Entonces la vida será placentera,
en toda faceta para los humanos;
y está abierta la puerta a todo el que quiera
venir a la fila de amigos y hermanos.

La Tierra productiva en abundancia,
dará su producto libre de veneno.
En nadie veremos ninguna arrogancia,
porque todo lo que viva será bueno.

Cuando abunde la paz en todas partes,
cuando el amor sea la fuerza dominante;
cuando resplandezca el triunfo de las artes,
cuando monopolios no exploten cantantes.

Ya no habrá demandas por fraudes y abusos,
ni esos abogados que tuercen los hechos.
Se eliminarán aquellos intrusos
y todos tendremos los mismos derechos.

Seguiremos esperando el gran momento
del triunfo del amor sobre del mal;
será la victoria sobre el sufrimiento
de una larga lucha que llega al final.

Celebrarán los campos la victoria
y las olas del mar bailarán su danza.
Toda la creación a Dios le dará gloria
por haber ejecutado su venganza.

Necesitamos un mundo mejor

Necesitamos un mundo mejor,
donde los niños no mueran de hambre,
donde no exista, jamás, el dolor,
ni una vida de ambiente cochambre.

Necesitamos un mundo seguro,
donde florezcan la vida y la paz,
y nos brinde un hermoso futuro
que proporcione un gobierno capaz.

Necesitamos cambiar este mundo
por un mundo donde halla justicia.
Donde domine el amor tan profundo
que nadie sufra de alguna injusticia.

Que podamos viajar sin temores,
disfrutando los campos abiertos,
aspirando el olor de sus flores
en aquellos que fueron desiertos.

Solamente el gobierno de Cristo
podrá hacernos un mundo feliz;
haciendo de la tierra un paraíso
porque sus promesas siempre serán: si.

Les invito a los que aman la vida;
a esos que sueñan un mundo mejor,
donde no haya siquiera una herida,
que busquen su abrigo, refugio y amor.

Está temblando la Tierra

Está temblando la Tierra,
ante el azote violento,
de un mundo sin sentimiento
que a la violencia se aferra.
Una verdadera guerra
en combates diferentes;
que matan los inocentes
con hambre y enfermedades,
cuando las autoridades
sienten que son impotentes.

La violencia va aumentando
de forma vertiginosa
y la muerte no reposa,
a dondequiera cazando.
Los gobiernos van tomando
medidas para acabar
tantos males, y al mirar
su aumento causa tristeza;
es como hacer la promesa:
«*vamos a secar el mar*»

La pobreza ya es imperio,
que se ha hecho un súper coloso,
y su brazo poderoso
amplía cada cementerio.
No tiene en cuenta el criterio
que se tenga de la vida.
Como semilla esparcida
de mala yerba florece
en los campos donde crece,
como indolente homicida.

Los males son incontables,
y nadie tiene el remedio
que pueda usar como el medio
para hacer un mundo estable.
Ciertamente es lamentable
esta triste condición.
Solo hallarán protección
en quien todo lo ha previsto
porque el gobierno del Cristo
es la única solución

El tiene todo el poder,
la justicia y el amor,
el respaldo del Creador
y la fuente del saber.
Ama al hombre, a la mujer,
a los niños y al anciano;
y vivió aquí como humano,
sufriendo también el mal
y ahora es el rey inmortal
que nos extiendo su mano.

La Tierra nunca será removida

Todo parece indicar
que algún día nuestro planeta
sufrirá ruina completa
que lo va a desintegrar.
Dicen que ha de colapsar
en un lejano rincón,
quizás con una explosión
en un acto aterrador;
o de un choque destructor
en cualquier constelación.

Alegan que es comprensible
que este sol se apagará
porque se terminará
su preciado combustible.
El hidrogeno, y posible,
que un meteorito gigante
nos impacte en un instante
de la ruta universal,
llevando apunto final
la vida del habitante.

Estos comentarios nacen
de mera filosofía,
pero veremos un día
que en realidad se deshacen.
Es increíble que abracen,
hombres de tanto talento,
tan absurdo pensamiento
respecto a nuestra existencia;
si la legítima ciencia
colocó su fundamento.

Las generaciones van
y generaciones vienen
y las fuerzas que sostienen
la Tierra siempre serán.
Sus fundamentos están
firmemente establecidos,
para no ser removidos
en su perfecta estructura;
por su gran arquitectura
y sin cálculos fallidos.

La Tierra fue colocada,
según mi punto de vista,
en tan perfecta autopista
que jamás será dañada.
Como nave propulsada
por un piloto invisible,
va a continuar infalible
en esta marcha orbital
sin que nada salga mal
ni le falte combustible.

Viajando a ciento ocho mil
de kilómetros por hora
su atmósfera protectora
destruye cualquier misil.
No necesita pretil
para la tripulación,
que se mantiene en acción
ocupada en sus quehaceres.
Niños, hombres y mujeres
disfrutan su protección.

Dicen que el mar hervirá
para formar un desierto
de nuestro planeta muerto
donde la vida arderá.
Y que la Tierra será
solo un yelmo desolado.
Pero ha sido diseñado
por la gran sabiduría
para que no pase un día
sin sentirse renovado

Y sin embargo eficientes,
millones de policías
patrullan todos los días
para evitar accidentes.
Con señales pertinentes
en calles y carreteras,
que alzan como banderas
para guiar los conductores
y cada vez son peores;
algunos son como fieras.

A pesar de estas medidas
y sus libros de instrucciones,
accidentes a montones
se cobran miles de vidas,
diariamente en avenidas,
como en grandes autopistas,
se suman a las conquistas
que la muerte va logrando;
como en la guerra matando
soldados, niños, turistas.

El universo no tiene
ni un policía patrullando
y felizmente viajando
cada planeta sostiene.
Cada uno de ellos mantiene
su propia instrumentación
para la navegación
en un vuelo permanente
sin que un mínimo incidente
nos cause alguna tensión.

Cada uno sigue su ruta
sin interferir en otros,
como manada de potros
en su pista diminuta.
No creo que una fuerza bruta
o casualidad patente,
fuera tan inteligente
que un día lanzara a viajar
nuestro sistema solar
sin temer un accidente.

Nuestro sistema solar
al momento de ser creado
fue tan bien organizado
que la ciencia ha de admirar.
En él se puede notar
un diseño insuperable
con cada planeta estable,
aun de distintos tamaños,
por los millones de años
en su elíptica invariable.

Cerca del horno nuclear
alguien por su puro antojo
colocó el planeta rojo.
de intensa fiebre solar.
Quien lo hizo no va a dejar
que nuestro bello planeta,
más veloz que una saeta
lanzada con precisión;
termine por la ambición
en una ruina completa.

Por favor, piensen señores,
todos los sabios del mundo,
¿quién hizo algo tan profundo
con todos sus pormenores?
No se revelan errores
en su arreglo magistral,
y una ley universal
regula perpetuamente
para seguir felizmente
este viaje sin final.

Mi opinión según la Biblia

Amigo, de cualquier parte
pudiera nacer un hombre
que quisiera hacerse un nombre;
visto como un baluarte.
Usaría todo su arte
con el objeto de hallar
el medio de transformar
a este mundo de agonía
en el mundo de alegría
que nos ha hecho soñar.

No importa el color que tenga,
él podrá amar la justicia
y combatir la injusticia
de cualquier parte que venga.
Puede que no se detenga
ante férrea hostilidad;
con toda sinceridad
que no le quepa en su pecho,
pero finaliza el hecho
la triste futilidad.

Jeremías diez veintitrés
nos expone una razón:
no deja la imperfección
el actuar con lucidez.
Por la mucha sensatez
que un hombre sabio refleje;
aunque resultara el eje
de su gobierno el amor,
falta la guía del Creador
para que nadie se queje.

Eclesiastés ocho nueve
nos trae a nuestra memoria
que el registro de la historia
a todo justo conmueve.
Y con franqueza se atreve
a decir el resultado:
todo gobierno instalado,
aun con la buena intención
ha marcado la opresión
sobre el pueblo gobernado.

Claro, un poco de cordura
y un poco de compasión
hace una gobernación
distinta a la dictadura.
Pero ninguno perdura,
como la niebla se van;
otros los reemplazarán
y seguirá el sufrimiento,
fracasando el buen intento
mientras gobierne Satán.

Otra razón del fracaso:
gobernantes invisibles
manipulan los visibles
con su poderoso brazo.
Los conducen con su lazo
cual toro para el degüello.
Pero un hermoso destello
de luz nos ha revelado
que el Diablo está acorralado
con una espada en el cuello.

Daniel, capitulo dos
describe la destrucción
de toda gobernación,
por el gobierno de Dios.
Tendrán que decir: *adiós,*
los opresores malvados,
porque serán triturados
como imperio de Satán,
mientras los justos serán
de sus garras liberados.

No basta nuestra intención
ni las buenas cualidades;
nos faltan las facultades
que Dios tiene a perfección.
Su perfecta dirección,
justicia, amor y poder,
sabiduría, comprender,
al hombre a profundidad;
y entonces la humanidad
dejará de padecer.

Confiar en Cristo es vital,
él nunca nos fallará;
nadie lo reemplazará,
como al hombre que es mortal.
Jesucristo es inmortal,
como niño aquí creció
como hombre padeció;
y eso lo hizo más capaz
para príncipe de paz; *
designación que ganó.
*Isaias 9:7**

Con su gobierno traerá
el fin a la delincuencia,
la corrupción, la violencia
y la paz florecerá.
La humanidad sanará
de tantas enfermedades.
Ya no habrá dificultades
en el más lejos rincón,
porque es la gobernación
del amor por las edades.

Esa es mi humilde opinión,
con respeto merecido
al que haya sido elegido
para la gobernación.
Tengo plena convicción,
que según la profecía,
se acerca rápido el día
que Dios limpiará este suelo
para traernos consuelo,
la paz y eterna alegría.

Ese es el Gran Gobernante
que todos necesitamos
y en él millones confiamos
como nuestro comandante.
No existe más atenuante,
ni quien sepa gobernar,
que pueda solucionar
a cada uno su problema
con el amor como emblema
enseñándonos a amar.

¿Por qué sufrimos?
Cinco razones

Ana, vecina excelente,
generosa, hospitalaria
y mansedumbre diaria
de mujer inteligente.
Luchas solícitamente,
como la madre leona
para que cada persona,
de la familia que tienes
pueda disfrutar los bienes
al alcance de tu zona.

Sabes que Dios se interesa
por el vivo y por el muerto,
en este mundo desierto,
cubierto por la tristeza.
Así que alza la cabeza,
y no vivas en zozobras.
El sabe que no te cobras;
dejas la venganza al cielo,
y busca de él su consuelo
porque él no olvida tus obras.

Algún día te has preguntado:
¿por qué tengo que vivir
en un constante sufrir
en este mundo malvado?

Millones se han expresado
así mi querida amiga,
y es muy justo que le diga
por qué tanto sufrimiento,
preocupación, descontento,
y la gente se fatiga.

Desde el momento que Eva
a Dios desobedeció
y su esposo la siguió
se erró en la primera prueba.
La desobediencia lleva
a cosechar el pesar;
y el que logró rebelar
a la primera pareja
hizo surgir cada queja
que hoy solemos escuchar.

1-*Él se hizo Dios asimismo*
y gobernante mundial,
haciendo brotar el mal,
el odio y el ostracismo.
Generó el nacionalismo,
dividiendo al ser humano;
y desafió al soberano
que nos lo había dado todo,
para imponer este modo
de gobernar antihumano.

Él alegó que podía
ser el mejor gobernante
y que una vida brillante
al hombre dispensaría.

Pero pronto se vería
el fruto del acto aquel
cuando en un asalto cruel,
por envidia desmedida,
Caín le quitó la vida
a su fiel hermano Abel.

Dios suministró abundancia
de alimento a la pareja
sin que surgiera una queja
en toda su larga estancia.
Ni una pizca de arrogancia
se hallaba en este jardín.
Disfrutaban de un sinfín
de libertades, contentos,
que perdieron por los cuentos
falsos de aquel paladín.

Sin embargo, un solo fruto
Dios les había prohibido,
porque su ley siempre ha sido
un razonable estatuto.
Hasta que llegó el astuto
en una conspiración.
Les dijo que su visión
llegaría a ser superior
y serian como el creador,
sin ninguna sujeción.

Dijo que no morirían,
aunque desobedecieran;
que sin pensarlo comieran
y que como Dios serían.
Felizmente vivirían;
plenamente independientes.

Pero no eran inocentes;
pagarían por aquel hecho,
su terquedad y despecho
por ser tan desobedientes.

El supremo universal
no podía pasar por alto
aquel insolente asalto
por un cínico rival.
Su sentencia capital
tenía que ser aplicada,
hasta que fuera zanjada
algún día aquella cuestión,
porque su dominación
legal, le fue desafiada.

Adán le volvió la espalda
a aquél que tanto lo amaba;
tan enamorado estaba
que lo sedujo la falda.
Pero dios siempre respalda
su dicho sin transigir,
teniendo que despedir
con gran dolor la pareja
que sufriría, se haría vieja,
y al fin de todo morir.

Adán pudo comprobar
que su Dios no lo engañó
y su embustero falló
con lo que supo alegar.
Su pan empezó a ganar
con el sudor de su frente.

Se consumió lentamente,
perdiendo su juventud,
su vigor y su salud
y así murió eternamente.

Así empezó la maldad,
la pena y el sufrimiento;
y en este mismo momento
arrecia la iniquidad.
Como una ola la impiedad
va de nación en nación.
Y Cristo en una visión
le dijo al apóstol Juan
que los demonios están
aumentando la aflicción.

Cuando Cristo recibió
el trono para reinar
primero quiso limpiar
el cielo y lo consiguió.
Con su ejército peleó
y el Diablo fue derrotado;
siendo del cielo expulsado
bajó lleno de violencia
porque como consecuencia
su tiempo se le ha acortado.

Satanás perdió la guerra
al ser Cristo entronizado
y fue del cielo lanzado
con sus hordas a la Tierra.
Con sus demonios se aferra
en una lucha campal
en multiplicar el mal,
aumentando el sufrimiento;
por el real presentimiento
de su derrota final.

Sabe que le queda poco
tiempo de dominación,
que no tiene absolución
ni escapatoria tampoco.
A su mundo ha vuelto loco
con tantísimas presiones.
Sabe que estas condiciones,
fruto de su mal gobierno,
van con él al fuego eterno
y todos sus guapetones.

2- **Segunda razón.**
Hay un segundo motivo
que ha causado mucho llanto
cubriendo la tierra un manto
de un espíritu agresivo:
el mecanismo opresivo
que el hombre ha desarrollado.
Nadie está capacitado
para gobernar, por eso,
el hombre se siente preso
por el hombre gobernado.

La gobernación humana
oprime porque no sabe
demostrar amor, la llave,
de justicia soberana.
Cada día, cada mañana,
el hombre está en desatino;
como predijo el Divino
cosecha diez mil fracasos,
pues *no puede guiar sus pasos*
ni es señor de su camino.

3-*El egoísmo del hombre*.
Una tercera razón,
que hace abundar la tristeza
es el deseo de grandeza
del hombre en su corazón.
Por fama tiene obsesión
de riqueza y poderío;
y nos daría escalofrío
si recorremos la historia
porque en busca de su gloria
ha creado un mundo sombrío.

Queriendo satisfacer
este deseo egoísta,
qué importa que en la conquista
muchos tengan que caer.
Consiguiendo su placer
que le importa lo demás.
Siempre quiere más y más
como hijo de sanguijuela,
dejando ver la secuela
del genio de Satanás.

4—*El Pecado*.
Cuarta razón: *el pecado*.
que sin querer heredamos
por lo que tanto fallamos
aunque pongamos cuidado.
Está desequilibrado
todo el organismo humano.
Y aún luchando mano a mano,
con la mejor intención
nos engaña el corazón
por el *pecado* tirano.

Cosechamos sinsabores
cuando nos equivocamos,
y fácilmente culpamos
a Dios por nuestros errores.
Al contrario, las mejores
instrucciones para el bien
prepara Dios para quien
desearía ser obediente
y premiado felizmente
con la vida en el Edén.

5- *El tiempo imprevisto*
.

Quinta: *es el tiempo imprevisto**
que también hace sufrir
si alguien tiene que morir
cuando no estaba previsto.
Esto aclaró Jesucristo
y siempre tenga presente
que cuando muere la gente,
porque alguien se descuidó
no tiene la culpa Dios,
aquello fue un accidente.
* Eclesiastés 9:11

La cuestión universal

Usted también tiene parte
en dirimir este asunto;
la humanidad en conjunto
porque la angustia comparte.
Probemos falso su arte
de su gobierno de engaño
a este enemigo de antaño
que solo supo humillar
los pueblos al gobernar
atreves de seis mil años.

Probemos a Dios veraz
y a su rival mentiroso;
a Dios, tierno y amoroso,
y chacal a Satanás.
Se ha demostrado incapaz
de dar lo que prometió,
aquel día que desafió
la soberanía divina
trayendo solo la ruina
el gobierno que instauró.

Debemos de investigar
sumergiéndonos profundo
en aguas de un nuevo mundo
de sabiduría sin par.
Esforzarnos por moldear
nuestra personalidad,
dejando que la verdad
pueda rehacer nuestra mente
conscientes de lo inminente
del día de la libertad.

Tenemos que desmentir
a ese falso acusador
siendo leales al creador,
aunque nos cueste morir.
Dios pronto va a dirimir
la cuestión universal:
ese derecho legal
de regir el universo
en que debía estar inmerso
todo el que aborrece el mal.

Hay que defender con celo
la esperanza que encontramos,
demostrando cuánto amamos
al que le dio luz al cielo.
Obedecerle es anhelo
que vibra en el corazón
por la pura convicción
de que siguiendo su norma,
vivimos la mejor forma
de su santificación.

Nos alegramos de ser,
por bondad inmerecida,
herederos de la vida
que hemos soñado tener.
Pero más deseamos ver,
teniendo ese día presente,
por lo que erguimos la frente
desando en el corazón,
ver la santificación
de nuestro Dios omnisciente.

De importancia universal
es que Dios limpie su nombre
del oprobio por el hombre
y por su antaño rival.
Ante el pueblo angelical
su nombre será limpiado;
su enemigo derrotado
con su hueste de maldad,
y así, por la eternidad,
Jehová será vindicado.

Jamás volverá otro Adán
ni otra Eva seductora
porque, cierto, sin demora
los rebeldes morirán.
Jamás se permitirán
quienes puedan perturbar.
Porque Dios va a reservar,
como una espada en su funda,
su arma, la muerte segunda,
lista para ejecutar.

En la conducta diaria
el mundo debe notar
que a Dios le queremos dar
adoración voluntaria.
Que en la crisis más precaria
con él tenemos la paz.
Que sienta nuestro voraz
enemigo desde antaño,
que sin un mínimo engaño
probamos a Dios veraz.

Que por nuestra integridad
lo probamos mentiroso,
y Dios se siente orgulloso
de tener nuestra lealtad.
Que pronto la humanidad
reconozca abiertamente
que todo desobediente
por rechazar su mensaje
será muy justo que baje
al sehol eternamente.

Que reconozca además
que sus Testigos tenían;
la solución que querían
y no escucharon jamás.
Que su líder Satanás
les empañó la visión
con la falsa religión,
símbolo de hipocresía,
y con la filosofía
tonta de la evolución.

El Monarca Universal

Pronto Heriberto Rolén
el Monarca Universal,
en un acto radical
recobrará aquel Edén.
Anímate tú también
en sumarte a los millones
que uniendo sus corazones
construyen una trinchera
y defienden la frontera
del mundo de bendiciones.

Hoy en todos los países
se da este noble mensaje
antes que esto se desgaje
y Dios corte sus raíces.
Mundo de los infelices,
de un sol que los va quemando;
pero siguen blasfemando
en lugar de arrepentirse
de su senda y convertirse
al que los está llamando.

El sol del mundo no alumbra,
y lo prefieren aquellos
que encuentran en sus destellos
solo una triste penumbra.
Pero el dolor acostumbra,
al hombre que no razona,
a llevar en su persona
la angustia y el descontento;
imagen del sufrimiento
del que ha hecho su corona.

Será irónico decirlo,
pero es la pura verdad,
prefiere la oscuridad
que llegará a consumirlo.
Su dios sabe dirigirlo
como toro al matadero;
y no importa cuánto esmero
uno muestre en ayudar;
si este no quiere cambiar
morirá en su derrotero.

Si el hombre presta atención
a lo que estamos diciendo,
poco a poco irá entendiendo
cuál será la solución.
Y que de su decisión
depende que pueda estar
con los que van a cantar,
dándole a Jehová la gloria
por la más grande victoria
que se pueda registrar.

Su sádico gobernante
y sus villanos secuaces
usarán todas las fases
de su gobierno farsante.
Disfrazando lo agravante
vistiéndolo de esperanza,
para una horrible matanza
de los que lo van siguiendo;
vendados que ha ido reuniendo
para el día de la venganza.

Su sol de filosofía,
política y religión
los envuelve en confusión
y miles de fantasías.
Los quema todos los días
con sus fallidas promesas,
cosechando la tristeza
de tantas desilusiones ;
no obstante sus corazones
siguen soñando grandeza.

No se halle la terquedad
en ti, de los mencionados,
que continúan obstinados
resistiendo a la verdad.
Procura la libertad
de la fuente de la vida
para que no sea vertida
tu sangre el violento día;
cuando Dios barra la impía
gente desagradecida.

No se halle en ti la actitud
del que quiere remendar
el mundo; debes actuar
como sabio, en prontitud.
Recobra tu Juventud
y la vida en el Edén.
Ven súmate tu también
a la vasta compañía
y disfruta la alegría
genuina del manso, ven.

El mundo no tendrá paz

El mundo no tendrá paz
ni la podrá conseguir
mientras que tenga el regir
de su padre Satanás.
El solo ha sido capaz
de hacer al hombre infeliz,
y para que sea feliz
esta humanidad que gime
será extirpado el que oprime,
arrancado de raíz.

¡Como podrá tener paz
desafiando diariamente
al Gran Dios Omnipotente,
hundiéndose más y más¡
No, no encontraran jamás
la solución del problema
y se duplica el dilema
con el curso de los años
fabricando los engaños
que nutren este sistema.

¿De qué han servido hasta ahora
las reuniones encumbradas,
muy largas y complicadas
como para ver auroras?
¿Acaso es alentadora
la perspectiva que ofrecen?
¿No es cierto que desfallecen
los hombres por el temor,
porque al enfriarse el amor
todos los males florecen?

Muchos millones han muerto
de hambre y siguen cayendo
tantos que nacen muriendo
con un porvenir incierto.
La vida es un desconcierto
en esta arruinada tierra;
en este globo que encierra
un sinnúmero de afanes
con los fabulosos planes
horripilantes de guerra.

Ciento catorce millones
de dólares cada hora,
es el promedio que ahora
despilfarran las naciones.
Con varias motivaciones
aumenta el militarismo,
llevando el mundo al abismo
arruinando su riqueza
mientras crece la pobreza
y hambre aumenta lo mismo.

Tantos millones por hora
de dólares dedicados
a ese proyecto malvado
de guerras devastadoras;
al mismo instante que llora
una madre desnutrida,
mientras que pierde la vida
su niño recién nacido
y la misma no ha podido
darle atención requerida.

Mientras que un soldado gasta
más que cincuenta estudiantes
el hambre sigue adelante,
sin que se le diga: basta.
El dinero se malgasta
de una manera especial,
y en el programa espacial
hay un derroche sin nombre
por la conquista del hombre
del espacio sideral.

Con el gasto militar
de dos horas solamente
¡Cuántos males del presente
se pudieran remediar!
Se pudieran vacunar
todos los niños del mundo
contra ese mal tan inmundo
como es la poliomielitis
y otros como miringitis;
y tantos males profundos.

Cada bala de un cañón
tiene el valor de una vaca
mientras que sin una hamaca
duerme un niño en un rincón.
Mire el costo de un avión
de guerra, muchos millones,
que van sin vacilaciones
decididos a matar;
como el que sale a cazar
sin mínimas restricciones.

Un mundo tan dividido
y tan lleno de egoísmo,
de odio y de terrorismo,
no será reconstruido.
Los sesudos no han podido
mejorarlo ni podrán,
y en vano persistirán
buscando seguridad
en un mar de oscuridad
a donde naufragarán.

Anunciaran falsamente
la paz y seguridad
cuando la calamidad
llega repentinamente.
Notarán perfectamente
la gravedad de su error,
y con inmenso dolor
clamarán por salvación
al ver que la solución
es el reino del Creador.

Pero no hay alternativas
en esta confrontación;
ahora no habrá salvación
para personas altivas.
Ya no valdrán rogativas,
cerró la oportunidad,
no obstante, la libertad,
para los mansos abunda
en una amistad profunda
el con el Dios de la verdad.

El mundo va a naufragar

Como un barco en alta mar
se avería en cualquier momento
contra las olas y el viento,
el mundo va naufragar.
Aunque ha habido un anunciar
constante en cuanto al futuro;
se cree navegar seguro
esquivando cada escollo
pero va directo al hoyo
de la muerte, muy oscuro.

Comenzó su deterioro
temprano en el siglo veinte,
y su hundimiento inminente
se está proclamando a coro.
Con insolente desdoro
responde a nuestro mensaje;
que nos provoca coraje
su rebelde desoír
por lo que habrá de morir
en su tenebroso viaje.

Anunciamos noche y día,
cómo Dios tenia previsto,
que el reino de Jesucristo
proporciona garantía,
de devolver la alegría
y poner fin al dolor;
destruyendo al opresor,
finalizando la guerra
para que tenga la tierra
una condición mejor.

El que no quiera, no quiera,
pero seguimos llevando
a los que están escuchando
salvavidas de primera.
Ingeniamos la manera
de llegar a cada uno,
temprano, en el desayuno,
en la tarde, por la noche;
a pie, a caballo, o en coche,
con el mensaje oportuno.

Quien quiera sobrevivir
a la gran confrontación,
debe prestar atención
al mensaje y acudir
a Dios y humilde servir
junto a sus proclamadores;
que a pesar de sus errores
apoyan con valentía
la Justa Soberanía
que traerá tiempos mejores.

Jehová es autor de la vida,
el Soberano Creador,
Jesucristo, el redentor
de la humanidad perdida.
Él con su sangre vertida
hizo posible también,
que se beneficie quien
se someta a su enseñanza
y realice su esperanza
de vivir en el Edén.

La Biblia da fe genuina
de que se acerca el final
del sufrimiento y el mal,
por la dirección divina.
La Biblia es quien determina
como acercarse al Creador.
La Biblia nos da el mejor
consejo para vivir
felices y conseguir
que Dios nos dé su favor.

Las profecías son ventanas
para mirar al futuro
y ver un mundo seguro,
tardes, noches y mañanas.
Las profecías son hermanas
armando un rompecabezas,
anunciando las bellezas
que revestirán el suelo
cuando lo administre el cielo
multiplicando riquezas.

Por lo que nos esforzamos,
lo mismo que hizo Jesús,
llevando a todos la luz
que de la Biblia sacamos.
Al que responde ayudamos;
Jehová no quiere que mueran,
desearía que se volvieran
los malos de su maldad
para mostrarle bondad,
y eternamente vivieran.

Enseñanza gratuita
ofrecemos a la gente;
a todo el que esté consciente
que el bálsamo necesita.
Bálsamo de agua bendita
para aquel que está sediento
del puro conocimiento
de Dios y su excelso nombre
que hace transformar al hombre
desde el mismo pensamiento.

Las aves son invitadas
con las fieras al banquete
de la carne de jinetes
y personas encumbradas.
Muertos por las granizadas
como reyes, generales,
soldados, también fiscales,
por las plagas y fusiles;
y millones de civiles
que resultarán iguales.

Antes que el barco se hunda
agarre este salvavidas;
y no busque más salidas
para que no se confunda.
La maldad es tan profunda
que ha inundado todo el globo.
Pero servirá de adobo,
cuando se ejecute el juicio,
sazonando el sacrificio
para las llenas y lobos.

NO ESTAMOS PERDIDOS, HAY BUENAS NOTICIAS DE PARTE DE DIOS. MUY PRONTO SE AJUSTICIARÁ A BABILONIA LA GRANDE, Y JESUCRISTO PONDRÁ FIN A LOS QUE ESTÁN ARRUINANDO LA TIERRA.

Buena noticia

Hay una buena noticia
que se está diseminando
en el planeta anunciando
un gobierno de justicia.
Un rey que con su pericia
y sabiduría insondable,
ha creado un sistema estable
donde no habrá descontento
porque anula el sufrimiento
y todo lo reprochable.

La noticia es descollante:
le pondrá fin a la guerra
y convertirá la tierra
en un jardín fascinante.
No habrá ningún caminante,
limosnero o vagabundo;
porque aquí cada segundo
será un placer trabajar
unidos para formar
de la tierra el Nuevo Mundo.

Los mares contaminados
se van a purificar;
nadie más le va arrojar
los objetos desechados.
Cada río será limpiado
y cada lago será
cual fuente que exhibirá,
después de tantos reveces,
sus multicolores peces
que nadie los dañará.

Jamás se oyó cosa tal:
no habrá más enfermedades,
muertes ni dificultades,
ningún vestigio del mal.
Se elimina el arsenal
que ha cegado tantas vidas;
la paz y justicia unidas
van a firmar una alianza
con un beso a la esperanza
que curará las heridas.

¡Qué anuncio tan singular!
El león domesticado
con ovejas a su lado
compartiendo su pastar.
Todas las fieras andar
como niños inocentes.
No habrá que temer los dientes
de reptiles venenosos
si las vacas y los osos
se tratan amablemente.

El informe también da
una vista del progreso
que tendrá cada suceso
que aquí se realizará.
Cada familia tendrá
una casa confortable,
tan hermosa y agradable
con todo lo necesario,
mientras que el sector agrario
dará un fruto formidable.

No habrá contaminación
que ponga en riesgo la vida
por culpa de un plaguicida
regado desde un avión.
Ni la cruel desproporción
de uso de fertilizantes;
porque serán abundantes
las bendiciones del cielo
dando nutrientes al suelo
para cosechas gigantes.

Dice que no habrá hospitales
tampoco hogares de ancianos
ni envejecen los humanos
ni irán a más funerales.
Prisión para criminales,
como existen este día;
ni la delincuencia impía,
ni secuestros ni asaltantes.
No hará falta vigilantes,
ni siquiera un policía.

No habrá discriminación
de ningún tipo, y será
que la gente se amará
como una sola nación.
Solo habrá una adoración,
única y universal;
cien por ciento espiritual,
sin conceptos babilonios
ni vestigios de demonios;
como fue la original.

Hay algo más todavía,
en que podemos confiar,
que van a resucitar
millones ese gran día.
Cristo dio la garantía
el día que resucitó,
ya que el mismo levantó
varios para demostrar
que un día los va a despertar
como a Lázaro llamó.

Usted podría estar aquí
y disfrutar todo esto
porque Dios está dispuesto
a ayudarlo como a mí.
Pero debe buscar, si,
de la Biblia su enseñanza,
y haga suya esta esperanza:
tener la vida que es buena,
satisfactoria, tan plena
pero demuestre confianza.

No permita que la garra*
de un buitre lo descuartice;
no sea en vano que le avise
lo que esta noticia narra.
Seguro bajo su parra
usted pudiera soñar,
si quisiera aprovechar
esta expresión de bondad,
de lo contrario, en verdad,
lo van a descuartizar.
En la Biblia Revelación19:16—18; 21:3,4*
Isaías 33:24

Caída de Babilonia

Una ramera encubierta
en traje de devoción
va a provocar la atención
de una bestia que despierta.
Arremeterá en su puerta
con la furia de huracán;
y sus amantes verán
como será desnudada,
su carne descuartizada
y al fuego la quemarán.

Esta es una gran ciudad,
simbólicamente hablando,
que ya la están codiciando
por su gran prosperidad.
Ha perdido autoridad
por la práctica del mal,
acelerando el final
de su imperio moribundo
por contaminar al mundo
con la conducta inmoral.

En la política tuvo,
mucho tiempo gran poder
hasta que pudieron ver
su infamia y se le detuvo.
Pero ella no se contuvo
en su vil hipocresía
vendiendo coqueterías
a todos los gobernantes,
y a sus asqueados amantes
que la quemarán un día.

Ha saqueado a las naciones
creando un inmenso tesoro
con la plata y con el oro,
como piratas leones.
Riquezas de proporciones
en cifras descomunales;
sinagogas palaciales
de lujosa extravagancia
que reflejan la arrogancia
de sus altos oficiales.

La religión, la mujer,
la ciudad esplendorosa,
las tres son la misma cosa
que pronto van a moler.
Y usted debe de tener
visión para discernir
que es el momento de huir,
si ella lo tiene atrapado,
hacia el refugio apropiado
a donde sobrevivir.

La religión falsa ha sido
madre de mucho ateísmo
por sus actos de cinismo
en un ambiente podrido.
Porque en el suelo ha vertido
sangre de miles de Abeles
que han sufrido las más crueles
y demoníacas torturas
por amar las escrituras
hasta espirar siendo fieles.

*Llorarán los comerciantes
entre pánico y dolor
al ver morir la mayor
fuente de tantos marchantes.
La que consumía abundantes
objetos de idolatría,
engañando día tras día
a los mansos que suspiran
con dioses que no respiran
ni generan alegría.

No la pudieron salvar,
ni a ella ni a sus componentes
los títulos prominentes
que le gustaba ostentar.
Ni pudieron escudar
sus amuletos ni dioses,
del castigo por acoses
de sus viles dirigentes,
a los miles de inocentes
que Dios escuchó sus voces
*En la Biblia, Revelación 18:1-17.

Bendecir a un batallón
de hombres para matar
es digno de condenar
y Dios puso la sanción.
Otro en contraposición
les promete que estará
Dios con ellos; que será
un triunfo grande y seguro
porque su ejército es duro
y que Dios lo apoyará.

Y miles de cosas más,
dignas de condenación,
frutos de la innovación
de su dios vil Satanás.
Corra usted no mire atrás,
*hulla veloz por su vida
antes que sea destruida
la ramera disfrazada,
a la ciudad preparada
para el que emprenda la huida.
*Revelación 18:4

Fin de Babilonia

Serán Naciones Unidas,
en manos de Jesucristo,
el instrumento previsto
para barrer las guaridas
de lobos, que hay escondidas
dentro de la religión,
cuando comience la acción
divina para limpiar
esta tierra al iniciar
la Grande tribulación.

Por mezclarse en la política.

Como una espada empuñada
en manos de un rey guerrero,
darán el golpe certero
*a la Ramera embriagada
con la sangre derramada
de los mártires cristianos
que usaron hábil sus manos
para enseñar a la gente
a escapar urgentemente
de organismos tan villanos.
***Revelación 17:1--6**

También serán como un hacha
o cual martillo pesado
demoliendo ese malvado
gobierno de esta borracha.

Porque entendió como tacha,
muy grave reproducir
la Biblia para impartir
su enseñanza por amor;
en el fuego aterrador
ella los hizo morir.

Por perseguir a los cristianos.

Si, muchos fueron quemados
en la hoguera, pero un día
tendrán inmensa alegría
cuando sean resucitados.
Otros fueron empalados
y miles a la prisión.
Gran numero al paredón,
solo por amar a Dios;
y a otros silenció su voz
los colmillos de un león.

Toda esta sangre vertida
de tantos ejecutados
son elementos probados
contra ese imperio homicida.
Porque el autor de la vida
ha visto la instigación
contra su organización,
por parte de esta ramera,
siendo siempre la primera
que demuestra oposición.

Ese imperio religioso
y cede de la maldad,
siempre sembró hostilidad
y cizaña sin reposo
contra el todopoderoso,
persiguiendo a sus testigos,
a quien ve como enemigos
porque enseñan a la gente
a escapar rápidamente
de sus nefastos abrigos.

Ha sido un gran instrumento
del Diablo, su gobernante;
y tendrá un juicio aplastante
desde su mismo cimiento.
Pague doble el sufrimiento,
y toda aquella agonía
que nos causó día tras día;
cuando Naciones Unidas
barran todas las guaridas
de lobos que ella escondía.

Siempre se ha manifestado
como la autora genial
de ese trato criminal
que hemos experimentado.
Sobre su falda se ha hallado,
desde la sangre de Abel,
la sangre de todo aquel
que por servir al eterno
ella lo mandó al infierno
pero murió siendo fiel.

Y muchos fueron ahorcados
porque no se sometieron
a una fe que no entendieron
y otros fueron lapidados.
Ellos fueron silenciados
pero su historia está hablando;
mientras estén descansando
para volver a la vida,
a la ramera homicida
la van a estar sepultando.

Sus preceptos implacables
contra la verdad divina
demuestran que es asesina
desde tiempos memorables.
Mientras los siervos amables,
de Dios llevan esperanza
con absoluta confianza
a toda raza en el mundo,
ella no pierde un segundo
en proclamarse alabanza.

Por apoyar la guerra.

Además está acusada,
y en su intento no desmaya,
de tanta sangre en batallas
tristemente derramada.
Siempre quiso estar mezclada
en políticas y guerras,
consciente de lo que encierra
esa actitud arrogante,
pide a cada gobernante
que ponga paz en le tierra.

¡Hipócrita! Pide a Dios
la victoria por un bando
y al otro lado otro mando
por su frente alza su voz.
Piden lo mismo los dos
enemigos: la victoria.
Pero la cosa notoria
es que hablan de Dios y Cristo,
sacerdotes por lo visto,
que hacen con sangre la historia.

Por sus falsas enseñanzas

Otro delito que pesa
sobre los hombros de ella,
que han hecho profunda huella,
son los credos que profesa.
A los laicos embelesa
enseñando, por verdad,
la popular trinidad,
también el castigo eterno
en el fuego del infierno,
como la inmortalidad.

Y« que la virgen María
es la madre del Creador;
que como Dios es amor
siempre te perdonaría.
Que si el fin viene algún día
nadie conoce la fecha,
y por lo tanto aprovecha
que al morir vamos al cielo
donde realices tu anhelo
sin la vida tan estrecha»

Cuando una persona muere:
«se lo llevó el Dios bendito,
-si es un niño- de angelito
en el cielo lo prefiere»
Y queremos que se entere
qué pretende con la misa:
«transferir lento o aprisa,
a un alma desde el infierno
a un lugar glorioso, eterno,
donde reine la sonrisa»

¡Qué extravagante mentira!
Infierno es la sepultura
donde va toda criatura
humana cuando se expira.
En ese lugar no hay lira
ni pensamiento ni amor;
allí no existe el rencor
ni la envidia ni egoísmo
y todos somos lo mismo,
hasta que llame el señor.

Por la inmoralidad sexual.

¿Qué hay de la inmoralidad
sexual que está practicando;
y al parecer disfrutando
de una plena impunidad.?
Porque la pura verdad
se encubre con su dinero,
insolente desafuero,
usando la imperfección
como justificación
de un pecado verdadero.

Violan niños; y mujeres
han abortado en secreto
pagando el pecado el feto
concebido en sus placeres.
Han hecho de sus deberes
un puente para el pecado,
porque a los que han fornicado
solo saben trasladar
su servicio a otro lugar
donde otro ha sido manchado.

Con la homosexualidad*
tienen visión parecida,
la que está siendo admitida
como otra debilidad.
Han hecho a la libertad
un mero libertinaje
al no escuchar un pasaje
bíblico en que la condena
Dios a la máxima pena
por ser legitimo ultraje.

Por todo esto y mucho más
tiene que ser demolida
la Babilonia engreída,
guarida de Satanás.
Ya no impedirá jamás
que la luz se haga profunda,
y que nadie se confunda;
con su enseñanza, envenena,
por lo tanto en el gehena
será justo que se hunda.

Así mantiene a la gente
en la densa oscuridad
mental, sin esa verdad
que hace levantar la frente.
Le interesa solamente
su alabanza y el poder
por lo que ha de recoger
doble de cuanto sembró,
y todo el mal que encubrió
Dios lo dará a conocer.

¿Se puede hallar el perdón de Dios.?

Aquel que se halle implicado
en esto y quiera vivir
se tiene que arrepentir
con corazón aplastado.
Pedir perdón humillado
y odiar todo el mal que ha hecho;
edificar en su pecho
con sabiduría divina
una fe fuerte, genuina
y tome el camino estrecho.
Levítico 18:22. ;1Corintios 6:9,-11*

Pronto beberá la copa
amarga de la venganza
y no enviará a la matanza
bendiciendo alguna tropa.
Cuando le quiten la ropa
y la contemplen desnuda
nadie tendrá alguna duda
de lo hipócrita que era
cuando la ataque la fiera
y nadie le preste ayuda.

Ya no será el instrumento
del adversario de Dios
ni levantará la voz
para ordenar un tormento.
Porque le llegó el momento
de pagar todo aquel daño
que causaba año tras año
a los pueblos oprimidos
quienes mantuvo sumidos
bajo el dogma del engaño.

¿Tiene el hombre un alma inmortal?

Una de las mentiras
de la Gran Babilonia.

Si Adán desobedecía,
no se le dijo: «al infierno,
a sufrir castigo eterno,
por tu crasa rebeldía».
Sí se le dijo que iría
al polvo de donde era,
pero no que aquello fuera
un castigo temporal
hasta que pague su mal,
que en el cielo se le espera.

La Biblia no habla mentiras
para agradar al creyente
y dice que está inconsciente
toda aquella alma que expira.
Enseña que no respira
ni ama ni odia al fenecer;
que ya no tiene poder
ni es espíritu invisible,
por lo tanto es imposible
que sufra algún padecer.

Nephesh, según el hebreo,
el alma no es inmortal,
es un hombre, un animal,
grande, chico, lindo o feo.

Según lo aprendí, lo creo,
todo lo que tiene aliento,
con instinto o pensamiento
cuando llegue el día que expira
se comprueba la mentira
del castigo del tormento.

Como muere un hombre bueno,
muere el malo y un caballo,
ya sea que lo mate un rayo
o por tomar un veneno.
Si se dejan al terreno,
sin entierro, abandonados,
pronto son desintegrados,
tanto uno como el otro,
lo mismo el hombre que el potro,
en polvo son transformados.

Puede ser que su osamenta
más tarde se use en botones
o se queme hecha montones
sobre tierra tan hambrienta.
Todo esto al suelo sustenta
ya convertido en nutrientes.
¡Tanto almas inteligentes,
como las irracionales
vienen a quedar iguales,
como nada, inexistentes¡

De modo que allí acabaron
amor, rencores y penas
y las horrendas condenas
que tantos imaginaron.
Los pensamientos cesaron
y el instinto de animal.
Esta es la verdad cabal
de la Sagrada Escritura:
que aquí ninguna criatura
conserva un alma inmortal.

Conocerán a Jehová

Muy pronto, en Armagedón,
va a conocer a Jehová,
el mundo y desmayará
ante tal expectación.
Sí, porque su corazón
no quiere reconocer
ni le interesa entender
el mensaje del Mesías
que anuncia el fin de este día
y un hermoso amanecer.

Tiene igual que faraón,
el rey de Egipto pasado,
el corazón engrosado
la inicua generación.
Y recordando la acción
profética del Mar Rojo,
vemos a Jehová, en su enojo,
en Egipto conocido,
a faraón destruido
y su potencial de hinojo.

No creyó aquel insensato
y en su poderío confió
hasta que el mar lo cubrió
en un violento arrebato.
Y ese mismo desacato
muestra el Egipto moderno.
Estalla en ira el gobierno
hoy del faraón mayor,
cuando envía un Libertador:
Jehová nuestro Rey eterno.

Se vislumbra en el futuro
el juicio de las naciones;
se agravan las condiciones,
nadie se siente seguro.
Cada corazón más duro;
cada pueblo es un motín.
La Tierra es un polvorín,
cada nación un tropel
de soldados a un nivel
para la guerra del fin.

Es la guerra destructora
contra el presente sistema
que batirá todo emblema
en su acción ejecutora.
Es la acción libertadora
para la tierra habitada,
la que quedará abonada
con la sangre de la gente
que hoy rehúsa tercamente
responder a la llamada.

Los muertos en aquel día
cubrirán toda la tierra
pero jamás habrá guerra,
orgullo ni pleitesía.
Se acaba la tiranía
del rebelde Satanás,
y se restaura la paz
por la divina teocracia
trayendo un mundo de gracia
que no termina Jamás.

Se hace una buena limpieza,
se restaura el Paraíso,
y será como Dios quiso:
pura la naturaleza.
Se extermina la maleza,
desaparece el desdén;
todo se sacia de bien,
ya no hay insecto dañino,
si el Jardinero Divino
administrará el Edén.

El leopardo y el cordero,
juntos se apacentarán;
ya enemigos no serán
sino fieles compañeros.
El niño en el agujero
del áspid podrá jugar.
El sordo podrá escuchar
al mudo cantar sonriente
y los ciegos, felizmente,
verán al cojo saltar.

El mortífero armamento
que destruye al ser humano
bajo del reino cristiano
tendrá otro funcionamiento.
Se tornará en instrumentos
que sirvan para hermosear
la tierra y de ella formar
el jardín más delicado
donde viva reposado
todo el que lo ha de habitar

Si desea colaborar
en esa hermosa labor
deje que el gran instructor
lo comience a transformar;
permitiéndose aceptar
la Biblia como su guía,
para que ande de día
bajo su luz poderosa
en la senda más hermosa
donde no anda gente impía.

Dicen que en guerra avisada
no muere ningún soldado,
pero este mundo obstinado
tiene la mente embotada.
No sea la suya contada
entre el grupo indiferente
que continúa tercamente
rechazando la verdad
de quien traerá libertad
a todo el que sea obediente.

Sea sabio, escoja la vida,
todos luchamos por ella
y cuánto más por aquella
que fue la sangre vertida.
La guerra está decidida
contra el mundo del dragón
y no hay una posesión
neutra que pueda elegir:
se educa para vivir
o muere en Armagedón.

Armagedón

El Armagedón no viene
como agresión de Jehová,
más bien Dios intervendrá
en defensa de sus bienes.
Hasta ahora Dios se contiene
mirando tanta opresión,
pero cuando la invasión
de Satanás nos ataque,
es justo que él contraataque
para nuestra protección.

El Armagedón no es cosa
de un desastre natural
ni es el conflicto final
con las armas poderosas.
No es la guerra que destroza,
según dicen entendidos,
este planeta cual nido
que se pudiera quemar;
si Dios preparó este hogar
para sus hijos queridos.

No, Dios no va a permitir
que el hombre siga arruinando
la Tierra y especulando:
«Nadie va a sobrevivir».
La Tierra vino a existir
para el hombre que Dios hizo,
quien sostiene el compromiso
que Él hizo originalmente:
«Vivirán eternamente
en su feliz Paraíso»

Ningún arma, ningún plan,
que el hombre pueda innovar,
va hacer que pueda triunfar,
sobre este pueblo, Satán.
Ya los ángeles están
deseosos de ir a la acción
y ver la demolición
del enemigo de antaño,
poniendo fin a su engaño
en el justo Armagedón.

Esta es una guerra justa
que Dios pelea en la defensa
de una nación indefensa
ante la violencia injusta.
Pero que nunca se asusta
porque su fe es un escudo
grande con qué siempre pudo
defender con alegría
su Justa Soberanía
ante el ataque más crudo.

De modo que Armagedón
es expresión de bondad
en pro de la libertad
y el final de la opresión.
La mayor liberación
que registrará la historia,
que le dará a Dios la gloria
de un completo testimonio
por aplastar los demonios
y a Satán, en su victoria.

Armagedón es la puerta
que conduce al Nuevo Mundo
por lo que cada segundo
debemos de estar alerta.
Cualquier momento despierta
una Gran Tribulación
contra toda religión
que esté deshonrando a Dios
y culminará veloz,
el día del Armagedón.

Armagedón es la acción
que va a limpiar nuestra Tierra
de todo indicio de guerra,
de miseria y corrupción.
No va a quedar un rincón
donde el inicuo se esconda,
y se escape de la honda
que usará el David mayor,
como rey ejecutor
al juicio que corresponda.

Armagedón, instrumento,
con qué Dios ha de barrer
el planeta para hacer
un mundo sin sufrimiento.
Barrerá hasta el pensamiento
maligno con sus autores,
quemando a los opresores
como a un montón de basura
y enviando a la sepultura
a todos sus seguidores.

Armagedón, no será
una matanza a la zar,
solo al malo va a matar
y a los justos salvará.
Cada soldado será
un tirador infalible,
de un ejército invisible,
experimentado y listo,
al mando de Jesucristo
su comandante invencible.

La matanza será mucha,
pero no habrá más opción;
Dios nos promete el perdón
pero la gente no escucha.
Su pueblo abnegado lucha
por llegar a cada hogar,
con el deseo de ayudar,
si quieren sobrevivir
pero no quieren oír,
y luego van a llorar.

Todo aquel que no le importa
si se vive mal o bien,
que vive para el desdén
y que al amor nada aporta;
como aquel que se comporta
indolente ante el aviso,
y no quiere compromiso
con su amoroso Creador,
no va a tener el honor
de estar en el paraíso.

Cada ángel disparará
proyectiles eficientes
directamente a la frente
del que lo merecerá.
¿Quién merecedor será
de muerte en ese momento?
Todo el que no haga el intento
por atender la advertencia
que hoy se da con insistencia
y amor a los cuatro vientos.

Jehová no se ha complacido,
jamás en que nadie muera;
siempre provee la manera
que el malhechor sea advertido.
Aun el inicuo ha sido
amonestado primero
a cambiar de derrotero
y de su pensar oscuro,
pero un corazón impuro
es duro como el acero.

Claro que si Dios lo quiere,
para Jehová no hay dureza,
pero su hermosa promesa
es para el que la prefiere.
Por tanto que nadie espere
que Dios obligue a la gente,
ni que les cambie la mente
por la fuerza, él es amor,
y espera que el pecador
cambie voluntariamente.

Pero que cambie en el plazo
que Dios ha determinado
o quedará eliminado
por no dar el primer paso.
Pronto vendrá como un lazo
el día de la ejecución
y nadie tendrá razón
en decir: «no me avisaron»
los mensajeros llegaron
al más lejano rincón.

No vale ser religioso,
a su modo de pensar
cuando se niega a adorar
al Dios Todopoderoso.
El Dios de amor y celoso
de adoración exclusiva,
quien en forma progresiva
suministra educación
antes del Armagedón
para que la gente viva.

En toda la Tierra ha sido
proclamado Armagedón
y toda la población
la noticia ha recibido.
En cada pueblo se ha oído
este formidable aviso:
que Dios tiene un compromiso
con él y la humanidad;
«que esta tierra en libertad
sea un hermoso paraíso»

No existe mejor oferta
ni parecida tampoco,
y así este mundo de locos
no quiere abrirle la puerta.
Muy dormido y no despierta
a recibir la enseñanza,
para que tenga esperanza
de hallar una vida digna;
cual si fuera su consigna
ser parte de la matanza

No les cobra ni un centavo
por la enseñanza que imparte,
si es humilde, en cualquier parte,
sea rico, pobre o esclavo.
Esta obra se lleva acabo
con celo sobresaliente,
yendo voluntariamente
tocando casa por casa,
sin acepción de una raza,
por la vida de la gente.

Así que no esté juzgando
por una falsa apariencia,
porque Dios con su presciencia
su interior está evaluando.
A Él nadie lo está engañando
con su santurronería.
Quizás le parecería
a usted que es buena persona
pero si Dios no perdona
por nada bueno sería.

Quizás diga: ese viejito,
ese hombre, mujer, o niño,
merece todo el cariño,
¡es tan bueno, tan mansito!
No se equivoque, amiguito,
es un tigre dormido.
Cuando Dios ha decidido
matar a tantos millones,
tendrá sobradas razones
en darle su merecido.

El que se refugia en Dios,
no tiene por qué temer
porque supo obedecer
escuchándole su voz.
El malo busca veloz
su refugio de cartón.
Temblará su corazón,
se derretirá de espanto
cuando enfrente el juicio santo
del temido Armagedón.

Cual cachorro de león,
el justo vive confiado
porque ha sido reeducado
y hecho una transformación.
No teme al Armagedón
porque eso no es para él.
Pero el malo en su cuartel
de la maldad complacido,
sin piedad será abatido
ante el justo juez: Miguel.

Los ángeles lanzarán
los granizos como balas
contra toda gente mala,
seguidores de Satán.
También baleados serán
por sus propios compañeros,
soldados en desespero,
en horrible confusión
al conocer que es la acción
de Dios, su juicio severo.

Igual que el millón aquel,
que venía contra Judá,
se matarán sin piedad;
matanza de alto nivel.
Cada ángel sabrá ser fiel
en su puesto de combate;
con toda arma que mate:
epidemias, lluvia, rayos,
contra jinetes, caballos,
cuando el fuego se desate.

Y no hay que sentir pesar,
Dios avisó día tras día,
pero ninguno quería
aquel mensaje escuchar.
Jehová tenía que limpiar
la Tierra de la maldad
para que la humanidad
obediente disfrutara
de las cosas que él prepara
para el que ama la verdad.

El Armagedón va a abrir
las puertas al Nuevo Mundo,
ese mundo ancho y profundo
que vamos a recibir.
Donde podremos vivir
feliz la vida ejemplar,
abriendo de par en par
las puertas para la paz
bajo el gobierno capaz
de hacerla consolidar.

Ya no nos perseguirán
con acciones y rumores
ni habrán esos burladores,
instrumentos de Satán.
Sus días contados están;
el fin se les ha acercado.
mientras que el pueblo burlado
gozará lo que sí es vida
en la Tierra bendecida
por el Dios que nos ha amado.

Ya ven que el Armagedón
no es una acción de injusticia;
es un acto de justicia
que trae la liberación.
Para el justo es ocasión
de gran gozo y alegría,
aquel magnífico día
de la derrota sin par
de quien osó desafiar
la justa soberanía.

Ya no más inundaciones,
epidemias ni tornados
ni terremotos malvados,
no más guerras ni aflicciones.
En optimas condiciones
la vida será un placer,
lo que habrá que agradecer
por toda la eternidad
al Dios sabio, su bondad,
justicia, amor y poder.

¿Cuándo viene Armagedón?

Satán quisiera poder,
frenar el Armagedón
porque en esa destrucción
su reino va a perecer.
Muchos quisieran saber
la exactitud de ese día;
no por tener la alegría
de ver un mundo mejor,
sino para hacer peor
con su inicua sangre fría.

Si lo supieran harían
cosas inimaginables,
y sus actos deplorables
mucho mayores serían.
Otros aprovecharían
el mundo sin requisitos
para saciar su apetito,
llevando una vida atroz
y luego volverse a Dios
cuando falte bien poquito.

En este caso sería
inútil querer cambiar
cuando quiso aprovechar
inicuamente esos días.
Tal acto de hipocresía
Jehová lo rechazará,
y en vano se volverá
de aquella vida corrupta,
fingiendo alguna conducta
que no se le aceptará.

El que quiera saber cuándo
llegará el Armagedón,
pregunte a su corazón
qué lo estará motivando.
Porque Dios está mirando
qué hay en nuestro sentimiento
y apoyará el pensamiento
que sea humilde y positivo
y potenciará el motivo
de saber aquel momento.

Jesús no dijo la hora
ni señaló ningún día
pero dio la garantía
de que vendrá sin demora.
Sí dio una señal guiadora
que se cumple paso a paso;
y advirtió que como un lazo
lanzado sobre la presa,
nos llegará por sorpresa
sin un mínimo retraso.

Los discípulos de Cristo
querían saber ese día
y él señaló profecías
para que estuvieran listos.
Los hechos fueron previstos
de una compuesta señal:
«terremotos sin igual,
hambres, pestes y violencia,
el amor en decadencia,
primera guerra mundial»

El año catorce fue,
del siglo veinte, locura,
porque la historia asegura
que el mundo sufrió un revés.
Claro, ni una sola vez
la Biblia se ha equivocado
y ese año fue señalado,
o el tiempo para ascender
Cristo al trono con poder
como rey entronizado.

Russel vio en las predicciones
proféticas que indicaban
que en ese año terminaban
los Tiempos de las Naciones.
Y con plenas convicciones
al mundo se lo anunció.
En su mensaje advirtió
que era un año peligroso;
y huyó la paz y el reposo
cuando la guerra estalló.

La muerte vino, cual fiera,
a recoger su botín
en el principio del fin
de la más violenta era.
Y se llevó en la primera
guerra, más de diez millones
de soldados de naciones
que se enzarzaron en ella,
incrustándole una huella
profunda en sus corazones.

Los campos se descuidaron,
se olvidó la producción,
poniendo toda atención
en la guerra que formaron.
Las reservas se agotaron
y el hambre dijo: «aquí estoy;
diligentemente voy
a cumplir asignaciones
a matar muchos millones»
y sigue matando hoy.

Pero el hambre no anda sola
enviando muertos al Hades,
también las enfermedades
asaltan como las olas.
Vino la Gripe Española,
que como soldado vil,
empuñando su fusil
en una guerra asesina,
le daba muerte en la China,
diariamente a quince mil.

Veinte millones cayeron
abatidos por aquella
gripe, parte de la huella
de la señal que nos dieron.
También los cristianos fueron
a las prisiones llevados.
Unos fueron maltratados
por mantenerse leales
a sus justos ideales,
y otros fueron fusilados.

De terremotos, ni hablar,
parece que despertaron
con el fuego y empezaron
también a participar
en esta guerra sin par
que Jesús profetizó.
Y cuando el tiempo llegó,
de ser él entronizado,
los cielos fueron limpiados
y la profecía cumplió.

Satanás, estaba opuesto
a que aquello sucediera
y como violenta fiera
peleó contra lo dispuesto.
Con su ejército compuesto
de ángeles rebelados,
del cielo fueron echados
y lanzados a la Tierra
creando la primera guerra
mundial, porque estaba airado.

Sabía que al Jesús subir
al trono estaba perdido,
su tiempo se ha reducido;
quiere todo destruir.
Furioso, niega admitir
la derrota que le espera,
y anda como una pantera,
incrementando violencia;
la corrupción, la indecencia,
y una espiritual ceguera.

Consciente de su final,
queriendo arruinar el mundo,
trajo un crimen más profundo:
Segunda Guerra Mundial.
Queriendo hacer todo el mal
que pueda entre las naciones,
caen cincuenta seis millones
de soldados abatidos
y queda el planeta herido,
en peores condiciones.

Como la Biblia predijo:
«**irán de mal en peor**»
cuando no existe el amor
y se rebelan los hijos.
Según Jesucristo dijo,
hasta la predicación
del reino a cada rincón
del planeta está llegando,
prueba que se está acercando
el día del Armagedón.

1-Anuncio de paz y seguridad.

Hay tres acontecimientos
que tienen que suceder
antes que se pueda ver
ese terrible tormento.
A pesar de este momento
difícil de Satanás,
habrá un anuncio de paz
y seguridad mundial,
una noticia fatal,
solo un informe falaz.

Los gobiernos pensarán
que podrán guardar las armas,
pero es una falsa alarma,
con la que se engañarán.
Porque no conseguirán
ni paz ni seguridad.
Luego con tenacidad
atacan la religión,
que no tiene protección
de Dios por su iniquidad.

2-Ataque a Babilonia.

Babilonia es el imperio
de religión que no agrada
a Dios, con esa fachada,
aparentando lo serio.
Sin el mínimo criterio
de lo justo y lo decente.
Está vendando a la gente,
para que no vea la luz,
de la verdad de Jesús,
que hace levantar la frente.

Ella se escuda en la gloria
de su fuerte capital,
producido haciendo mal,
ensangrentando la historia.
No quedará ni memoria
de su historial abusivo.
Imperio cruel y agresivo
y excelente portavoz
del enemigo de Dios
con mensajes ofensivos.

Babilonia, pagarás,
doble el daño que has causado
al pueblo que se ha esforzado
por probar a Dios veraz.
En el fuego tú serás
azada por tus amantes,
a quien apoyabas antes
de que esto te sucediera,
coqueteando, cual ramera,
con todos los gobernantes.

Los apoyabas a todos
y a ninguno fuiste fiel
y te apegabas al cruel,
unida codo con codo.
Con Hitler, buscaste el modo,
estrechándole la mano,
de matar a mis hermanos
que enseñaban esperanza;
y ahora sufrirás venganza
a manos del Soberano.

Esos reyes, tus amantes,
cuando llegue ese momento
Dios pondrá en su pensamiento
quitarte cada diamante.
Desnudarte en el instante,
para exhibirte desnuda.
La gente quedará muda
cuando vean tu humillación,
tu sentencia, tu sanción,
sí, sin la mínima duda.

3-Ataque de Gog al pueblo de Dios.

Cuando terminen contigo
pensarán que harán igual
al pueblo humilde y leal
que tiene a Dios como amigo.
Jehová será nuestro abrigo,
nuestro escudo y plaza fuerte.
A menudo nos advierte
permanecer a su lado
y seremos ocultados
hasta de la misma muerte.

Este será el tercer paso
que se espera en el futuro:
Ataque al pueblo sin muro
y tan frágil como un vaso.
«Caerá de un solo zarpazo
una nación indefensa»
Así el enemigo piensa
en el ataque de Gog
en la tierra de Magog
porque no ve su defensa.

Pero Jehová los invita
a pelear contra sus siervos,
donde caerán como cuervos
en una maya de pita.
El enemigo se excita
viniendo con tanta furia,
que envalentona la curia
para tomar el botín,
pero ese será su fin,
y el fin de toda penuria.

Es cierto que sufriremos
ante este ataque brutal
pero ningún arsenal
hará que nos retractemos.
Ningún mal enfrentaremos
que otro ya no haya vencido.
Nuestro Dios ha prometido
impartirnos su poder;
y el enemigo ha de ser
de nuestro suelo raído.

Cuando llegue ese momento,
subirá la ira divina
contra la mano asesina,
autora del sufrimiento.
Por tanto estemos atento,
mirando por la ventana
de la profecía cristiana
que con suma precisión
anuncia liberación
para la familia humana.

Sea fuerte, sea valeroso,
ante lo que enfrentaremos,
en Dios nos refugiaremos,
fidedigno y amoroso.
Es el todopoderoso
y nos traerá salvación.
¡Sea nuestra resolución
el proclamar con denuedo,
sin decir nunca: «no puedo»,
cuando viene Armagedón!

Una Tormenta Violenta

Una violenta tormenta,
como escoba poderosa,
vendrá a recoger la odiosa
basura que aquí se asienta.
Será una batalla cruenta,
contra las fuerzas del mal;
que en su derrota cabal,
deshecha, como en el fuego,
tendrá la Tierra sosiego
y la vida sin final.

Hay mucha gente basura,
entorpeciendo la vida,
por lo que será barrida
con el odio y su amargura.
Se irá cada dictadura,
junto con los opresores.
También los explotadores
que alimentan la pobreza
y el manto de la tristeza
sobre los trabajadores.

Es muy triste ver crecer
el imperio del dolor
en un mundo sin amor,
que abusa de su poder.
Muchos viven el placer
de disfrutar sus millones,
mientras que las condiciones
que vive la mayoría,
es de hambre que a sangre fría
destrozan sus corazones.

Muchos hombres poderosos,
adinerados, han sido
por compasión, impelidos,
a mostrarse generosos
con donativos cuantiosos
para escuelas, hospitales;
a fin de aliviar los males
que oprimen a tanta gente;
pero esto no es suficiente,
son muchos los comensales.

Animen a muchos más
para que más donaciones
combatan tantas presiones
de la miseria voraz.
Púlpito de Satanás,
para impulsar la violencia
en la plena adolescencia
de una juventud frustrada,
que lucha desesperada
por hallar supervivencia.

Apelan a cualquier cosa,
por falta de orientación,
y su joven corazón
maquinando no reposa.
No disponen de una hermosa
educación escolar,
cuando debía de irradiar
su sol con bella esperanza;
se enfrentan a una venganza
donde se suele apagar.

Pero el mal es muy profundo
y no hay otra solución,
que cambiar el corazón
a los hombres de este mundo.
Hacer que cada iracundo
sea manso, perdonador;
que olvide todo rencor
y humilde se vuelva a Dios,
diciéndole al odio: «adiós»
para ensancharse en amor.

Y todo aquel que se sienta
culpable de algún pecado,
pida perdón, humillado,
a Dios, que borra su cuenta.
Todo aquel que se presenta
ante él, mediante oración,
suplicándole perdón
porque quiere hacer lo bueno,
será acogido en el seno
de su gran congregación.

No importa lo que haya hecho,
si la persona ha cambiado;
Cristo por él fue empalado
para que tenga derecho
a la vida y en su pecho
la esperanza de vivir,
donde feliz sonreír
a la vida que es realmente;
dulce, de paz; plenamente,
cuando nadie ha morir.

Con la Biblia conseguimos
cambiar hasta el pensamiento,
y todo resentimiento
por los pecados que hicimos.
Cada cosa que aprendimos
fue una joya espiritual
que nos hizo odiar el mal
y deleitarnos el bien,
para viajar al Edén,
y usted puede hacer igual.

Simbólicamente hablando,
en un viaje hacia el futuro,
a un mundo tierno y seguro;
que hemos estado desando.
Millones están cambiando
su corazón, aprendiendo
de la Biblia y ofreciendo
su enseñanza gratuita,
cuando hacen cada visita
a quienes están sufriendo.

Dios se propone barrer
de la Tierra el sufrimiento,
como basura que el viento
hará desaparecer.
Ya limpia, hará florecer
a la Tierra como él quiso;
cumpliendo aquel compromiso
del Cristo cuando murió:
a un malhechor prometió
la vida en el Paraíso

Aquel hombre que había sido
un malhechor popular,
en Cristo pudo apreciar
que era el Mesías prometido.
Y suplicó arrepentido
que se acordara de él.
En ese momento cruel
Jesucristo lo miró,
y en su mirada notó
un temor como el de Abel.

Jesús pudo comprender
que había en aquel malhechor
un cambio a un hombre mejor
que se debía de atender.
Y espero, que este al volver,
vea su promesa cumplida;
al despertar a la vida,
sea apreciativo, obediente,
y agradezca eternamente
tal bondad inmerecida.

Jehová, con brazos abiertos,
llama a los arrepentidos
de pecados cometidos,
aunque hayan sido de muertos.
Todos les serán cubiertos
por la sangre redentora
del Cristo. Vengan ahora
a cambiar su corazón
mediante su educación
y vean una nueva aurora.

Para los últimos días

Ya la homosexualidad
en un empuje sin freno
es un mal que llama bueno
parte de la humanidad.
Desprecia la santidad
con toda su antipatía,
y se deleita en la orgía
inmunda y desenfrenada;
una señal anunciada
para los últimos días.

Se casan hombres con hombres,
y mujeres con mujeres
por sus torcidos placeres;
un escándalo sin nombre.
Pero que nadie se asombre,
todo esto sucedería,
cumpliendo la profecía
que se debía proclamar
con urgencia, sin cesar,
para los últimos días.

Es difícil comprender
que varón desee a varón
sacando del corazón
la atracción por la mujer.
La mujer es el placer,
es fuente de simpatía,
pero hay quien preferiría
otro hombre como pareja;
una profecía muy vieja
para los últimos días.

Ese calorcito tierno
con sus besos y caricias
son dulcísimas delicias
que en ella puso el eterno.
Su sentimiento materno,
una fuente de energía.
Por tanto el que cambiaría
la mujer por un varón
cumpliría una predicción
para los últimos días.

La depredación sexual
y el abuso de menores
son parte de los horrores
que anuncian el día final.
Lo mismo el profesional
que inculto hacen fechorías.
Nadie tiene garantías
de que va a triunfar en nada;
incertidumbre anunciada
para los últimos días.

El secuestro y el asalto
ya no tienen precedente,
desproporcionadamente
a un nivel mucho más alto.
El soborno ha dado un salto
que nadie imaginaría.
Y según las profecía
habría muchas epidemias,
y mucho más, las pandemias,
para los últimos días.

El mundo se halla perplejo
ante lo que está mirando;
la crisis se está agravando
y no es un simple reflejo.
La economía es el espejo
de la crisis que vendría
y el mundo se angustiaría
porque no ve solución
ante la gran predicción
para los últimos días.

Los terremotos han hecho
incursiones en la tierra,
como destructora guerra
con su bélico pertrecho.
Parece que no hay derecho
a vivir con alegría.
La vida es una agonía
como pudo predecir
la profecía al advertir
para los últimos días.

Y no quieren aceptar que son los últimos días

Hay escasez de alimentos,
como también se predijo;
más de un millón sin cobijo
que van a dormir hambrientos.
Además los sufrimientos
que causan las tiranías,
confirman las profecías
que no pueden engañar;
y no quieren aceptar
que son los últimos días.

Del mundo se fue el amor
y la paz con gran urgencia
y en su lugar la violencia
nos plaga con el terror.
Por dondequiera el dolor
hiere con su mano fría.
Se ve prosperar la impía
maquinación de dañar
y no quieren aceptar
que son los últimos días.

No hay respeto por la vida;
los padres matan los hijos
y ya no habrá regocijo
en su vida de homicida.

No se sienten conmovidas
esas entrañas vacías;
hasta el amor se enfriaría
se supo profetizar;
y no quieren aceptar
que son los últimos días.

Recuerdo que antiguamente
era un pecado abortar
y hoy es común extirpar
en el vientre a un inocente.
Ya el aborto, legalmente,
es matar a sangre fría.
Yo lo calificaría
de: «crimen autorizado»
otro hecho que ha demostrado
que son los últimos días.

Los gobiernos han querido
conseguir la paz mundial
reduciendo el arsenal
que entre ellos han producido.
Pero todo se ha torcido,
no hay planes con garantías
como que una mente impía
los puede manipular
y no quieren aceptar
que son los últimos días

¿QUÉ HACER PARA
SOBREVIVIR?
¿TENEMOS MUCHO
TIEMPO TODAVÍA?
¿TENEMOS QUE HACER
CAMBIOS?
¿PODEMOS CONFIAR EN EL
PERDÓN
DE DIOS?

Busquen justicia y amor

Es lógico, cada quien
vive la vida a su modo
y respetamos a todos,
viva mal o viva bien.
Sí nos preocupa el desdén
con qué ven la ley divina,
la bella luz que ilumina
la senda entre la maleza
para que ande con certeza
el que con ella camina.

Sin esa luz que traspasa
la oscuridad más profunda
puede que el hombre se hunda
en una conducta crasa.
Pero Dios que no repasa
los errores cometidos,
aunque se sienta ofendido
por nuestras malas acciones
limpiará los corazones
que se hayan arrepentido.

El borracho, el homicida,
quien roba, el homosexual;
a la pena capital
está exponiendo su vida.
Lo mismo que el parricida,
mentiroso, el fornicario,
están en su cuestionario
si no buscan su perdón;
porque su sublevación
merece el mismo salario.

Él quiere verlos cambiar,
quiere que anden en la luz,
por eso hizo que Jesús
los viniera a reeducar.
Dejen ya de practicar
las cosas que Dios condena.
Vuélvanse a la senda buena;
busquen justicia y amor
que al recibir su favor
tendrán una vida plena.

Sé sabio, vuélvete a Dios

Vamos, vuélvete a Jehová,
no esperes más, por favor,
es nuestra fuente de amor,
misericordia y bondad.
El nunca mira hacia atrás
para recordar errores,
como hacen los pecadores
antes de una concesión,
porque Él concede perdón
de los pecados peores.

Jehová concede el perdón
y jamás nos echa en cara,
aún antes de que comprara
Cristo nuestra redención.
Hoy con mucha más razón
a Él podemos acudir
por ayuda y recibir
perdón de nuestros pecados
si estamos determinados
a nunca volverlo a herir.

Los ejemplos del pasado
sirven de amonestación,
para mayor convicción
de lo que hemos mencionado.
Recordemos al malvado
y soberbio Manasés:
un asesino sin fe,
un idólatra sin par;
que a su hijo hizo quemar
en el vientre de Mólek.

A su propio hijo quemó
en el fuego y muchos más
en ofrenda a Satanás,
qué bien caro le costó.
Todo aquello que estudió,
los escritos de Moisés,
no plantó con solidez
esa fe que pudo ser
la fuerza para vencer
el mal del rey Manasés.

Manasés no era inocente,
él tenía la obligación
de estudiar con atención
la Ley de Dios diariamente;
amarla profundamente,
hasta deleitarse en ella.
Sus obras serian la huella
de la profunda enseñanza
de su Dios y su confianza
brillaría como una estrella.

Con todo no obedeció,
cometiendo atrocidades,
adorando las deidades
que en un tiempo aborreció.
Su reinado sucumbió
cuando lo hicieron cautivo
y aquel espíritu altivo;
bajo fuerte disciplina
desvaneció cual neblina
cuando el sol sale agresivo.

Entristecido y sombrío,
en pésimas condiciones
repetía en sus oraciones:
«*oh perdóname, Dios mío*»
Su destierro fue el estío
que lo hizo rectificar,
después de reflexionar
en su pasado insensato,
entendió que por ingrato
lo debía disciplinar.

¿Perdonó Jehová a aquel hombre?
Sí, porque reconoció
su pecado, se humilló;
quiso hacerse un nuevo nombre.
Así de que no se asombre
por tal acto de bondad.
Jehová es un dios de piedad,
como lo explicó Moisés,
y devolvió a Manasés
su trono y autoridad.

Saulo de Tarso ¿Quién era?
Un perseguidor atroz
de los que alzaban la voz
por la iglesia verdadera.
Consintió, por su ceguera,
que Esteban fuera apedreado.
Iba bien documentado
y suspirando amenazas
un día que salió a su caza
con un grupo de soldados.

Como tigre a la presa
iba camino a Damasco
sin imaginar el chasco
que apagara su fiereza.
Cuando una luz por sorpresa
lo ciega completamente
y oye una voz elocuente
que pregunta como sigue:
«Saulo ¿por qué me persigues?» *
¡Qué golpe tan contundente!

Fue dirigido a Ananías,
donde recobró la vista
y fue sumado a la lista
de aquellos que él perseguía.
Su nombre, Saulo, aquel día,
llegó a ser Pablo, brillante
ministro del comandante
que lo nombró con razones:
«apóstol de las naciones»
para una obra gigante.
Hechos 9:4,13*

¿Apóstol de las naciones?
¡Oh no, no, eso es imposible,
que quien hizo lo indecible
tan fácil se le perdone!
¡Quien desbarató reuniones
en los hogares cristianos
con violencia, cual tirano,
y respaldo militar
y hoy tenerlo que aceptar
como verdadero hermano!

Eso pensaron aquellos
que aquel Saulo conocieron,
pero al fin reconocieron
que perdonar es muy bello.
Vieron que arriesgó su cuello
por defender el Camino,
y que humildemente vino
a servir sin descansar,
arrepentido y ganar
amor y perdón divino.

Cierto, Dios lo perdonó;
y consciente del pasado,
trabajó tan abnegado
que realmente se gastó.
Celosamente borró
con amor aquella historia,
concentrándose en la gloria,
de Jehová, no de sí mismo;
luchó por el cristianismo
hasta alcanzar la victoria.

Como Pablo y Manasés
muchos supieron cambiar
y Dios los hizo anotar
en su registro de fe.
Por eso, volverse es
a Jehová lo más prudente
y decirle humildemente:
«hoy quisiera prometerte,
jamás volver a ofenderte;
acéptame nuevamente»

El hijo pródigo está
ilustrando tu regreso
que cual padre con un beso
Jehová te recogerá.
Él se regocijará
como aquel padre paciente,
y en su rebaño creciente
tendrás la paz interior,
muy feliz cuando su amor
te de calor nuevamente.

Aquel padre festejó
el regreso de su hijo
y con grande regocijo
en su casa lo aceptó.
De su pasado no habló
porque herirlo no quería,
si al regresar ya veía
un justo arrepentimiento,
fruto del remordimiento
que a su hijo le devolvía.

El celebró inmensamente
al ver a su hijo volver,
pero no quiso entender
el segundo aquel ambiente:
«*Yo trabajo diariamente* *
y nunca te he hecho sufrir,
y este supo destruir
el capital que le diste;
y aún así lo recibiste
y nos quieres divertir»

«Hijo, tu hermano había muerto,
y mira, ha vuelto a vivir,
¡cómo no hemos de sentir
alegría en este concierto!
Lo que dices es muy cierto,
pero mira, hijo querido,
tu hermano estaba perdido
y ha regresado humillado;
estoy muy regocijado
y lo pasado lo olvido»
Lucas 15:19--32, parafraseado*

Cristo dio esta ilustración
para ayudarnos a ver
que si deseamos volver
nos garantiza el perdón.
Pero es nuestra decisión
el decidir regresar
para volver a alabar
a Dios que tanto nos ama,
con el pueblo que proclama
su reino sin descansar.

Vuelve, no mires atrás,
deja el mundo que te ata,
que te consume y maltrata
como quiere Satanás.
Obedece al Dios veraz
refugiándote en su amor
y mitiga ese dolor,
bajo el yugo refrescante
del más tierno gobernante,
justo Juez y Gran Pastor

No te sigas consumiendo
en este mundo iracundo
a donde cada segundo
la vida se va muriendo.
Poco a poco oscureciendo
la esperanza que veía.
Se apaga la luz del día,
y la tiniebla profunda
hace que el Diablo confunda
la angustia con la alegría.

Busca la amistad genuina
de un pueblo de pecadores,
que comete mil errores
pero a diario se examina.
Peca pero no maquina
la maldad inicuamente.
Reconoce humildemente
las tendencias que tenemos;
por eso si nos caemos
nos paramos nuevamente.

Nos paramos nuevamente
porque el sacrificio aquel
nos hace mirar en él
el perdón del obediente.
Es que el pecado inherente
entre todos los humanos;
actúa como vil tirano,
y en ocasiones domina,
pero la bondad divina
nos da su amorosa mano.

No digas: «son pecadores»
porque todos tropezamos,
pero sí nos animamos
a luchar por ser mejores.
Cristo borró los errores
del pasado y del futuro,
para sentirnos seguros,
cuando pedimos perdón
desde el mismo corazón,
que Él nos considera puros.

Odia lo malo que hiciste
y no repases errores,
no revivas sinsabores
que te hacen la vida triste.
Si de ellos te arrepentiste
y quieres cambiar tu vida
olvida y toma medidas
que Dios ofrece ayudarte,
Él no quiere abandonarte
por una o varias caídas.

No temas nada dejar,
hay que marchar adelante
a la luz del sol radiante
que nunca se va a apagar.
No temas abandonar
el fantasma de amistad,
de hipocresía y de maldad
tras un velo de cariño,
engañándote cual niño
perdido en la oscuridad.

Este mundo es un montón
de basura despreciable,
no tiene nada loable
que merezca la atención.
Huye por tu protección,
pronto será destruido.
Ven, vuelve, regresa al nido
que dejaste un día lejano
y ocho millones de hermanos
te acogerán : «!bien venido¡»

Ame y practique la justicia

Si siembras viento, aseguro,
que cegarás huracanes,
por tanto siembra que ganes
lo mejor en el futuro.
De que te sientas seguro,
sabes que está en dependencia
de que sigas a conciencia
siendo imparcial en tu trato
con blanco, negro, mulato,
pobre y el de prominencia.

Ama a todos por igual,
odia la parcialidad;
demuestra que a la equidad
das un lugar especial.
El gerente que es parcial
comete mucha injusticia,
porque siempre beneficia
al socio o a su pariente,
una tendencia inherente
lo mismo que la avaricia.

Se practica en toda esfera
de la vida, la injusticia,
y el soborno se acaricia
en extremada manera.
Recuerdo aquella primera
injusticia que se hizo,
que a pesar de aquel aviso
de usar bien su libertad,
Eva y Adán en verdad,
la arrojaron por el piso.

La libertad de elegir:
el don del libre albedrío,
se usó mal en desafío
a quien los supo instruir.
Así hubo de transmitir
a su prole la tendencia
de buscar la prominencia,
aunque nunca seamos nada;
inclinación heredada
lo mismo que la indolencia.

Cuando está un jefe indispuesto,
fácil comete un mal hecho
privando de su derecho
a un obrero que es honesto.
Arrebatándole un puesto
laboral para su amigo.
Yo me pregunto y me digo
que debe reflexionar,
porque ¿cuándo valla a orar,
le escuchará el Dios que sigo?

La injusticia es una plaga
que causa mucho pesar,
hasta dentro del hogar
con lo que el amor se apaga.
Penetra como una daga
afilada al corazón
mediante la humillación
de un miembro, como la esposa,
quien merece una amorosa
y la más dulce atención.

Mientras crece la maldad
en los centros de enseñanza
se aleja más la esperanza
de ver un día la equidad.
Porque la parcialidad,
como miembro del plantel
no deja escuchar aquel
estudiante que refleja
en su rostro alguna queja
de lo que hicieron con él.

Como no se les escucha,
optan por no molestarse
o deciden rebelarse
y se levantan en lucha.
La maldad se ha hecho tan ducha
que hasta se cambia de traje.
Y le despierta el coraje
al que ama lo que es justo
para morir de disgusto
por el abuso y ultraje.

Pero hay un juez imparcial
mirando todo el entorno
que hará pasar un bochorno
a todo el que sea parcial.
Desde el trono celestial
con sabiduría y pericia
nos enviará la justicia
para que hice su bandera
y que destruya a cualquiera
que practica la injusticia.

Recuerde, si siembra viento
recogerá tempestad.
Odie la parcialidad
y de ella se hallará exento.
Ni se halle remordimiento
de injusticia en su conciencia.
Y que sienta complacencia
por haber sido imparcial
el día que el gran tribunal
vaya a dictar la sentencia

El tiempo está reducido

El tiempo está reducido,
veamos como lo usamos
y como nos comportamos
si es que lo hemos entendido.
Todo el que esté decidido
a practicar un reajuste
no habrá nada que lo asuste
cuando llegue el día y la hora;
resuelto a andar desde ahora
de modo que a Dios le guste.

Si tiene que mejorar
en algo no dude más;
demuéstrele a Satanás
de qué lado quiere estar.
Dígale: con Dios andar,
es un bellísimo honor;
disfrutando del amor
que hay en su organización
y pronto en Armagedón
se irá su mundo opresor.

O seremos de los muertos
que van a estar abundantes
o estaremos vigilantes
trabajando bien despiertos.
Con nuestros brazos abiertos
recibiremos el fin;
como el libre tomeguín
que ha conseguido escapar
de su jaula para actuar
como feliz cantarín.

No se deje dominar
por las tendencias que tenga;
pida Jehová lo sostenga
y verá que va a triunfar.
Permítale examinar
su corazón y riñones
y descubra las razones
que no lo dejan crecer,
asiéndose con poder
de buenas motivaciones.

No olvide que la paciencia
será nuestra salvación,
siguiendo su dirección,
practicando la obediencia.
Permita que su conciencia
entrenada lo corrija;
aunque el corazón se aflija
porque no se le complace;
eso es lo que el sabio hace
en la carrera que elija.

¿Se desvive por comer?
¿Habrá que tomar medida,
o será de la bebida
que se debe proteger?
¡Procure reconocer,
al reflexionar consigo,
qué está usando el enemigo
para que caiga en su red;
sabiendo que con usted
no es lo mismo que conmigo!

El comer mucho resulta
en somnolencia profunda,
pone el alma nauseabunda
con la pereza improsulta.
Sería bueno una consulta
de un experto en nutrición
para que ese corazón
sano no se perjudique
haciendo lo que le indique
sobre su alimentación.

Y respecto a la bebida
moderada no hace daño,
pero a la larga es engaño
con qué engañamos la vida.
Su alegría no es producida
por un sentir natural.
Es alegría artificial
que cuando se va el alcohol,
cual neblina con el sol,
pronto llega a su final.

Nos vamos acostumbrando
hasta hacernos insensibles
en cosas inadmisibles
que se nos ve practicando.
Porque el alcohol va nublando
poco a poco la visión;
se toma una decisión
que sin beber no se haría;
la que justificaría
faltándole a la razón.

¿Le tiene amor al dinero?
¿Lo busca con ilusión?
Si es así su corazón,
recuerde que es traicionero.
Siempre proporciona un pero
que justifica el afán.
Recuerde a aquellos que están
ansiosos por la riqueza,
que al fin les dejan tristeza;
toman alas y se van.

Jesucristo pudo ser
el hombre más prominente
por ser tan sabio, elocuente
y tan lleno de poder.
El Cristo pudo tener
el palacio más grandioso
y ser el más poderoso
millonario de este suelo,
pero fue enviado del cielo
a hacer algo más valioso.

Vino a pagar con su vida
la deuda que nos dejaron
los que nos esclavizaron
en su decisión fallida.
Mientras sangraba su herida,
muriendo en aquel madero,
demostró que lo primero
es anunciar, anunciar,
el Reino en vez de luchar
por acumular dinero.

Si hay algo que le moleste,
algún recuerdo o rencor
dígaselo al Dios de Amor
y haga lo que diga este.
No importa lo que le cueste,
la paz vale más que todo.
No es tiempo para acomodo;
haga la paz con su hermano
sirviéndole al Soberano
sin un vestigio de lodo.

Sea amable con los demás;
la mansedumbre refresca
y haga que su casa crezca
en el amor más y más.
Dedicándole, además,
esa atención paternal,
poniendo lo espiritual
en el lugar requerido;
y el cuidado merecido
a la unión matrimonial.

No se haga luz de la calle
y oscuridad de su casa;
haga su familia plaza
sólida que nunca falle.
Anímese, no desmaye,
que Dios está de su parte,
mientras refina su arte,
tanto enseñando y haciendo;
que su fe se vea luciendo
como escudo, ¡un baluarte!

No es tiempo de vacilar
como el soldado indeciso;
cumpla con el compromiso
que prometió no olvidar.
Hora de reflexionar
en el tiempo que vivimos;
en aquel voto que hicimos
cuando a Dios nos dedicamos
el día que nos bautizamos
voluntariamente fuimos.

No se deje engatusar
por lo que el mundo le ofrece;
luche por lo que merece
la atención más ejemplar.
El paso hay que reajustar
para no andar zigzagueante.
Miremos fijo adelante,
hacia el premio de la vida
con la verdad bien asida
anunciando el mundo entrante.

Su dinero, su salud,
su talento y energías
que sirvan todos los días
con amor y prontitud.
No deje que la inquietud
lo desvíe del objetivo.
Que sea puro su motivo,
siguiendo en la senda estrecha;
impidiendo cualquier brecha
como el soldado agresivo.

Si en algo hay que mejorar,
¿por qué seguir esperando?
Los días se pasan volando
y el fin pronto va a llegar.
Es tiempo para entrenar
fuertemente de manera
que aunque se vuelva una fiera
el mundo contra nosotros
vea felices nuestros rostros
al final de la carrera.

Allá en la línea final
nos espera la corona
reservada a la persona
que se mantenga leal.
El premio es individual,
según la Corte Divina,
para el justo que camina
firme en el camino estrecho
por llevar viva en su pecho
la invencible fe genuina.

Cuando Babilonia sea
desbaratada en pedazos,
alzaremos nuestros brazos
invictos en la pelea.
Tendrá la cara muy fea
ese momento en la tierra
al llegar la justa guerra
a limpiar nuestro planeta;
una victoria completa
porque al maligno se encierra.

No desista de entrenarse;
aprecie cada momento
que reciba entrenamiento
para seguir sin cansarse.
Sería muy bueno trazarse
las metas a conseguir.
Con cada paso seguir
el objetivo propuesto
y al final de todo esto
podamos sobrevivir.

No se pierda las reuniones
sin causas justificadas;
son secciones programadas
para darnos instrucciones.
Nos esperan condiciones
que el valiente va a temblar,
y solo podrán estar
de pie con gran esperanza
los de sólida confianza
por su eficiente entrenar.

El confiar genuinamente
en Dios nos hará sentir
fuertes para resistir
la prueba del horno ardiente.
Llevemos alta la frente
firmes, con gran humildad,
por la espiritualidad
y por la fuerza divina,
su espíritu y fe genuina
que nos dan integridad.

Cuando llegue el día final

¿Dónde nos encontraremos
cuando llegue el día final
del mundo cruel y bestial
para que lo festejemos?
Es preciso que apreciemos
el lugar de adoración
y veamos cada reunión
como una cena especial
del alimento esencial
para nuestra salvación.

Analizar, además,
la posesión que ocupamos
y ver en qué mejoramos
o podemos servir más.
Vigilar que Satanás,
como es experto en la pesca,
con astucia nos ofrezca
algo que parezca bueno,
pero con letal veneno
para que la fe perezca.

Rahab, la de Jericó,
permaneció muy confiada
en su casa acurrucada
por lo que sobrevivió.
Quien sabe lo que sintió
o aterrada temblaría
viendo como se caía
su aparente protección,
pero por fe y convicción
allí permanecería.

Solo por fe y obediencia
permaneció en su lugar;
su ejemplo es un alertar
a nuestra supervivencia.
Ese día ninguna ciencia
ni refugio ni poderes
protegerá aquellos seres,
aquellos que han rechazado
el mensaje que han llevado
niños, hombres y mujeres.

Lot se angustió diariamente
por tanta depravación
moral en esa región
de población indecente.
Hoy tenemos un ambiente
parecido en el entorno,
devorador como el horno
donde Mesac, Abednego,
y Sadrac salen del fuego
sin el mínimo trastorno.

Si complacemos a Dios
en nuestro diario vivir
podremos sobrevivir
cuando el mundo diga: «adiós»
Y si hay una cosa o dos
en que haya que reajustarse,
nadie debe demorarse;
pida ayuda si es preciso
sea manso, humilde, sumiso,
pero no vaya a quemarse.

Debemos ser como Noe,
Sadrac, Mesac y Abednego,
que del diluvio y el fuego
escaparon por su fe.
Abran, otro ejemplo fue
en demostrar que vivía
para Dios todos los días
bajo dirección divina;
y hoy todo aquel que camina
con Dios disfruta su guía.

Y no es asunto de ser
un huracán predicando;
es continuar agradando
a Dios en todo su hacer.
Sin rezongo obedecer,
como genuino cristiano,
a la voz del Soberano
para cualquier encomienda;
muy humilde aunque no entienda,
que habla a través de su hermano.

En el trabajo, en la calle,
en la casa y en la escuela,
siempre hay agentes en vela
para anotar en qué falles.
Que en usted nunca se halle
ningún mal, como en Daniel,
quien supo tener con él,
en pésimas condiciones,
quien le tapó a los leones
la boca por serle fiel.

Si se esfuerza en demostrar
diario confianza absoluta,
no hay maquinación astuta
que lo valla hacer fallar.
No se nos puede olvidar
el ejemplo de José,
otro valiente que fue
vencedor de la maldad
quien guardó su castidad
por su fortísima fe.

¿Sería fácil para el fiel
Rechazar a sangre fría
la mujer que día tras día
quería acostarse con él?
Imagine cuanta miel
de su arte femenino,
usaría en su plan mezquino
de seducir a José;
pero este hombre, como Noé,
jamás manchó su camino.

Ya estamos frente al Jordán,
la tierra nueva a vista
¿será nuestra la conquista
o nos conquista Satán?
Sus demonios aquí están
usando todo elemento
que produzcan descontento
y al punto desanimarte,
con el fin de derrotarte
si descuidas un momento.

Hay cositas que aunque son
pequeñas, si te descuidas,
pueden hacerte una herida
profunda en el corazón.
Que nadie tenga razón
para imputarte algún mal.
Resuélvete a ser leal;
redobla la vigilancia
y apoya con elegancia
la victoria universal.

Necesitamos la fe

«Sí señor, tengo fe en Dios,
en la Biblia, en Jesucristo
y en el rescate provisto
que para todos él dio.
Tengo fe en que él ascendió
al cielo para llevarnos,
después de purificarnos
en el purgatorio ardiente,
a su lado eternamente
porque quiere deleitarnos»

Así responde la gente
si se le pregunta que
si tienen alguna fe
en el Dios omnipotente.
Nos dejan ver claramente
que falta conocimiento
para crear un fundamento
sólido, de fe genuina
con la verdad que ilumina
corazón y pensamiento.
Que es fe.*
Pero hay que saber primero
cuál es la definición
de fe que se ve en acción
en el justo derrotero.
Un escritor misionero
dijo que *es la expectativa*
segura en la perspectiva;
demostración evidente
de realidades de un Ente
con una mente creativa.

También *es* **seguridad,**
es creencia y es confianza;
de realizar la esperanza
porque ella **es fidelidad.**
La fe genuina en verdad
es un potente motor
para vencer el fragor
que tiende a desanimarte
porque ella puede escudarte
siendo el escudo mejor.

Como se adquiere.
Tal fe se puede adquirir
con conocimiento exacto
para ser un hombre apto
si quiere sobrevivir.
La fe crece del oír
de la palabra inspirada;
y aclaro que no es un Hada,
es un fruto espiritual,
un arma muy especial
ante cualquier emboscada
Sagrada Escritura Hebreos 11:1*

La fe promueve el temor
de desagradar a Dios
y hace que halla entre los dos
un fuerte lazo de amor.
Por fe se aguanta el dolor;
resiste a la tentación.
La fe germina la acción
porque no es arma pasiva;
si es genuina es agresiva,
es fuego en el corazón.

La fe nos hace cambiar
nuestra personalidad
porque vemos en verdad
razón para mejorar.
Nos hace ver que agradar
a Dios es sabiduría.
Que vivir en armonía
con sus normas elevadas
nos granjeará sus miradas
de cariño y simpatía.

La fe nos ayuda a ver
el pasado y el futuro
y te hace sentir seguro
del premio al obedecer.
Se transforma en un poder
para trasladar montañas.
Por fe lograron hazañas
los fieles en el pasado;
y hoy también se han realizado
bajo fuertes artimañas.

Este libro es fascinante
por las cosas que revela:
orden y amor que desvela
al sabio más arrogante.
Su exposición elegante
y su diseño no fue
la evolución que dejé
cuando comprendí mejor
que es obra del Dios de amor
que nos imparte la fe.

Si le falta fe ya sabe
como la puede encontrar
y lo que puede lograr
antes que este mundo acabe.
La oscuridad es muy grave,
fruto de la evolución;
y la falsa religión
la aumenta con sus doctrinas,
pero con la fe genuina
se ilumina el corazón.

No se conforme con ser
portavoz de una noción
de fe que está en confusión
y que no tiene poder.
No basta con poseer
la mera credulidad.
Busque fe de calidad,
porque será acrisolada
y resultará premiada
con la vida de verdad.

La batalla final

La violencia va cubriendo las naciones
como una ola del mar embravecido;
la maldad está en todos los rincones
sobornando a dirigentes corrompidos.

¿Qué nos dicen, señores, estos hechos?
Que muchos disfrutan de gran impunidad
mientras los pobres no tienen derecho
a levantar su voz por la verdad.

Ya la injusticia derramó la copa
y el cielo ha escuchado la queja del justo.
El hombre malvado prepara su tropa
para ser barrido con su jefe injusto.

El campo de batalla será hermoso,
aunque la sangre bañará la Tierra,
porque ha llegado el fin del sistema odioso
por las manos puras de la justa guerra.

No morirá cualquiera en la batalla
con un ejército de francos tiradores,
que hará que el inicuo al polvo se valla
con los corrompidos y los malhechores.

El campo de batalla será hermoso;
no es ironía ni contradicción,
porque el planeta rebosará de gozo
el día que le traiga su emancipación.

Con su ejército invencible, ya probado,
armado con las armas celestiales,
no dejará que se escape ni un malvado
a la vez que protege a sus leales.

El rey, Jesús, que va al frente del combate,
tiene toda la confianza del Creador;
va a dejar que su furia se desate,
golpeando al enemigo con ardor.

Derrotados los demonios

Con la espada de su boca, como un fuego;
y usando las fuerzas naturales,
le hará ver al enemigo que su juego
se acabó con su hueste de chacales.

Ya no podrán influir con sus maldades
en la mente de los hombres imperfectos
ni continuar con sus atrocidades
interrumpiendo los buenos proyectos.

Ya no podrán maquinar asesinatos
que denuncien su vil intervención,
ni alimentar pensamientos insensatos
de hacer armamentos para destrucción.

Ya no podrán complacerse en dividir
las familias destruyendo matrimonios
y nadie más en la Tierra va sufrir
los ataques sutiles de demonios.

¡Cuántas veces se ha sabido de suicidios
de personas que obedecen una orden!
Lo mismo ha pasado con los homicidios,
ordenados por las fuerzas del desorden.

Son los sádicos demonios responsables
del ambiente corrupto homosexual;
y epidemias destructivas lamentables
que nacieron de un acto contranatural.

No volverán a corromper a los humanos
con el espíritu de la inmoralidad;
ni echarán a pelear a los hermanos
aprovechando cualquier debilidad.

No podrán hacer masacres de personas
disfrutando la violencia en cualquier parte;
como lo hacen los galleros en su zona
complaciendo a espectadores de su arte.

Lo mismo que el gallero se divierte
con la sangre derramada por su gallo,
los demonios se complacen con la muerte
de inocentes o culpables ante el fallo.

Ya no podrán animar a suicidarse
a adolescentes, adultos o ancianos;
y tampoco podrán enamorarse
de los hombres o mujeres, cual villanos.

La sangre de Cristo nos libera

Los demonios no podrán ser perdonados;
son perfectos, pecadores voluntarios,
pero por los que el pecado han heredado
Jesucristo dio su vida en el calvario.

Los pecados sexuales Dios condena
como el acto de un borracho, de un ladrón;
pero Cristo nos libra de esa pena
por el fuego del amor con el perdón.

Todos somos imperfectos y fallamos
¡de tantísimas maneras en la vida!
Si mediante Jesucristo lo buscamos
nuestro padre nos dará la bienvenida.

Si, Dios nos ama de modo incomparable
y no lo complace que el inicuo muera;
hizo que su hijo, el hijo más confiable,
cual manso cordero por todos muriera.

Ciento cuarenta y cuatro mil escogidos
de la Tierra, sirven como sacerdotes
para limpiarnos del pecado recibido
como herencia, que realmente es un azote.

Alguien de esos sacerdotes fue lo mismo
que tu eres o que fuiste en el pasado;
sin embargo, por un acto de altruismo
se ha limpiado de la mancha del pecado.

Quiero decirte, con esto, que él comprende
lo que sufre un pecador y lo que siente,
y quiere ayudarte porque entiende
que por tus fuerzas serias incompetente.

No importa lo malo que estés practicando
ni la historia oscura que te halla manchado;
si escuchas su voz, él te está suplicando:
deja lo que es malo y serás perdonado.

Aunque fuesen como manchas de leopardo,
serán emblanquecidos como lana,
o si rojos, serán blancos como el nardo
que perfuma la cálida mañana.

Pondrá de ti, tan distante, tus errores,
tan lejos, como oriente de occidente;
sin mirar que sean pequeños o mayores,
si buscas su perdón serás inocente.

Odia lo que es malo y ama lo que es bueno;
arrepentido refúgiate en su amor,
y pronto verás un mundo pleno
por haber sido obediente a tu Hacedor.

Además el Rey nombrado, Jesucristo,
es humilde, paciente y compasivo;
misericordioso, amable y está listo
para darnos el perdón ¡Que comprensivo!

Jesucristo convivió con los humanos
y aprendió como se vive en este suelo,
por qué sufrimos y nos da su mano
para darnos su amor y su consuelo.

Si abandonas tu senda anterior
y emprendes el camino por la vida,
encontrarás alivio a tu dolor
y sanarán por completo tus heridas

Entonces lo demonios no podrán
volver a esclavizarte a la maldad
y conocerás que te abandonarán
si sigues con celo la luz de la verdad.

No mires al pasado porque pesa
el recuerdo de un rumbo torcido.
Tendrás mucho gozo en lugar de tristeza,
en el nuevo camino elegido.

Una esperanza brillante

Estudiando la Biblia aprenderás
que este mundo es de basura ante el que viene,
y la esperanza más bella encontrarás,
entre los muchos tesoros que contiene.

Vivirás en la Tierra hecha un jardín,
un paraíso de placer por su bondad,
donde abunde la paz y la vida sin fin;
bajo el dominio del Rey de libertad.

La Tierra nunca ha sido abandonada,
pero Dios ha permitido al hombre gobernar;
con su forma de pensar distorsionada;
para que sepa que sin él va a fracasar.

Se habrá quemado la maldad como basura
cuando el gobierno del hombre sea barrido
y sintamos el amor y la ternura
del gobernante que más se halla pedido.

La huida a un mundo de amor

Quisiera huir de este mundo turbulento
y alojarme en un lugar donde haya paz,
donde se alojen los mansos y los rectos;
los que aman la justicia y la verdad.

Refugiarme en el imperio del amor;
donde no haya el sufrimiento que nos muele
donde no haya caras doble, como en este,
de los hombres que ocultan lo que son.

Donde el gobierno supremo del amor,
alimentado de justicia y de poder,
bajo el sol radiante de la sabiduría,
imparta misericordia imparcialmente.

Donde cada persona sea benigna
y por doquier se manifieste la bondad.
Donde todos gocemos de la vida
porque no haya niños que lloren por hambre.

Donde una madre no sufra la ausencia
de un hijo del alma que fue arrebatado
por los brazos de la guerra, como ahora,
o que llore el secuestro de su amado.

Donde los hombres amen la verdad,
donde todos sean hermanos y se amen;
donde las noticias no causen tristeza,
donde los informes sean halagadores.

Que en cada amanecer respire aire puro,
donde no temamos el sol que nos queme,
ni sufrir los efectos del ozono herido,
donde corra limpia el agua de los ríos.

Que sea cristalina el agua del arroyo
para beberla con todo placer;
cuando nunca más será contaminada
ni mueran los peces por estar envenenada.

Donde en lugares de tristes cementerios
plantemos jardines que gusten a todos,
y en lugares pobres de las chozas tristes
las casas hermosas que siempre tendremos.

En ese mundo, en lugar de los desiertos,
hermosos bosques decorarán la tierra;
poblados de animales que no serán temidos
porque han confirmado su pacto de paz.

Andaremos en la selva sin temor,
entre tigres, jaguares y panteras
que lucen con orgullo el nuevo traje
sin temor a una trampa que los cace.

Es el mundo que deseo con mi familia.
No es un sueño ni cosa imaginada;
es la promesa fidedigna del Creador
tan descrita hermosamente en su Palabra.

Prometido a las personas enseñables,
a los mansos que buscaba su hijo amado;
que están conscientes de su necesidad,
de alimento espiritual que nos da vida.

Aunque quiero sepultarlo en el olvido
y corro a refugiarme en el que espero;
este mundo de martirio, ansiedades y de pena
me maltrata mientras tanto.

La vida es triste en este mundo de opresión;
por lo que quiero escapar, cual fugitivo
a donde la paz y el amor tienen su trono,
donde se alojan los de recto corazón.

Donde cante el tomeguín con alegría
y ningún ave cante triste nunca más;
donde jamás aparezca la tristeza
en el Nuevo Mundo feliz, de libertad

Estaré con mi familia en ese mundo
por la bondad inmerecida del Creador;
ya que nada merecemos ante Dios,
pero la sangre de su hijo nos salvó.

Prisión oscura y violenta es este mundo,
de verdugos invisibles y asesinos;
que no cesan de hostigar a cada reo
impidiéndole conseguir la libertad.

Vamos, amigos, huyamos del mundo,
al mundo dorado que Dios nos promete;
la senda está abierta para que corramos
al arca moderna donde escaparemos.

Si, vamos amigos, huyamos ahora,
la senda está abierta pero va a serrar.
Busquemos la vida que Adán rechazó;
huyamos al mundo del trono de amor.

Al puerto del Nuevo Mundo

Harás un giro en tu vida
al dejar la oscuridad,
en busca de la verdad,
bálsamo para tu herida.
Las olas embravecidas
golpean tu nave muy duro,
al navegar al futuro
rompiendo las tempestades
de crueles dificultades,
en pos de un puerto seguro.

Este es un mundo violento;
no sale de una tormenta
por el genio que incrementa
el creciente sufrimiento.
Levanta con furia el viento
temibles olas gigantes
que aterran a navegantes
carentes de dirección,
aferrados al timón
de una nave bamboleante.

No ven el faro divino
marcando el paso correcto
iluminando el trayecto
para el experto marino.
Es el estrecho camino
que nos librará del hoyo.
Y aunque tiene mil escoyos
nos conduce por el bien,
porque su ingeniero es quien
siempre nos dará su apoyo.

Mientras vamos avanzando
en medio de la tormenta,
nuestra vista sigue atenta
en lo que estamos buscando.
Muy cerca estamos notando
el puerto del Nuevo Mundo;
a donde en cada segundo
tendremos seguridad
cuando el mundo sin piedad
yazca en abismo profundo.

Ya no habrá olas de violencia
de estos mares turbulentos
ni existirán sufrimientos
que inutilicen la ciencia.
Habrá una total ausencia
de estas negras tempestades,
hechas de dificultades
que hoy no nos dejan vivir;
siempre expuestos a morir
sin importar las edades.

Las tormentas pasarán
con este mar de problemas
y demoniacos emblemas
que con su mundo se irán.
Los justos florecerán
con el máximo candor
donde abundará el amor
para todos por igual
cuando no haya un arsenal
de armas para el terror.

Hay que ser muy persistente
para no ahogarse en la orilla;
llevar la vida sencilla
sin odiar al prominente.
Porque todo inteligente
va tener que obedecer,
tanto hombre como mujer,
a esta llamada de urgencia
para su supervivencia,
si no quieren perecer.

Hay hombres que en su ignorancia
y con un celo extraviado
todo lo han sacrificado
por una efímera estancia.
Su ejemplar perseverancia
los ha llevado a la gloria;
pero solo transitoria
porque quisieron cambiar
el mundo "arando en el mar"
según registra la historia.

Sí, por sanar a este mundo
muchos han dado la vida,
pero continúa su herida
sangrando en lo más profundo.
En su estado moribundo
quiere dar buena apariencia.
Pero ni la misma ciencia,
con su gran tecnología,
va a remendar su avería;
para el fin de su existencia.

Es un edificio viejo
completamente podrido;
por el comején comido
que tiene a su dios perplejo.
La economía es un reflejo
de su estructura arruinada.
No se repara con nada,
como el resto de sus fases;
se están hundiendo sus bases
como nave torpedeada.

Ir tras lo que el mundo ofrece
con sus mentiras y cuentos,
eso es «correr tras el viento»
no dejes que te embelese.
A simple vista parece
que todo marcha muy bien;
para muchos el Edén,
porque gozan la maldad,
viviendo la falsedad
sin el mínimo desdén.

Pero es engaño, mentira,
su falsa prosperidad
para eclipsar la verdad
del viejo mundo que expira.
Cuando el hombre sabio mira
a través de la Escritura
puede observar la locura
que está viviendo la tierra
y desea la justa guerra
que acabe esta dictadura.

Su gobernante consiente
de que pronto verá el fin
de su sistema tan ruin
quiere acabar con la gente.
Más que nunca, astutamente,
como experto cazador,
hace el esfuerzo mayor
con las armas más certeras
contra las almas sinceras
que hallaron libertador.

Los demás, no les importa,
porque los tiene en su mano,
pero persigue al cristiano
que la fe de otros conforta.
También porque se comporta
de la manera más digna
y tiene como consigna,
lo que fue para Jesús,
llevar a todos la luz,
por la persona benigna.

No permitas que te engañe
con sus tretas sigilosas;
busca las cosas valiosas
para que la paz te bañe.
Nunca dejes que se empañe
la visión con los halagos
falsos que causan estragos,
quizás hasta irreparables,
y adhiérete a los amables
que beben amor a tragos.

La Biblia es la luz divina
del presente y del futuro
y habla de un mundo seguro,
de una sociedad genuina.
Enseña que el que camina
con Dios, lo disfrutará;
que muy feliz vivirá
un ambiente sosegado
junto con el pueblo amado
de Dios que lo salvará.

La Biblia enseña que en breve
los inicuos morirán
y que jamás volverán
porque la justicia llueve
Es justo que se releve
este mundo por el bueno,
donde el gozo será pleno
porque abunda la concordia
que reemplaza a la discordia
por el mundo de amor lleno.

Allí no irás tras el viento
en una carrera vana;
verás en cada mañana
a todo un pueblo contento,
y que Dios estará atento
a nuestras necesidades.
Ya no habrá dificultades
entorpeciendo el progreso
durante el justo proceso
para todas las edades.

Entonces no habrá vejez,
no más muerte ni accidentes
y las angustias presentes
se extinguirán de una vez.
Nadie sufrirá un revés
por el pecado heredado.
Como Cristo en el pasado
curaba instantáneamente,
así lo hará nuevamente
con todo incapacitado.

¡Qué descanso! ¡Qué alegría,
no ver a nadie sufriendo
y cada rostro sonriendo
celebrando ese gran día!
Y al tener la garantía
de que jamás sufriremos,
todos nos entregaremos
a embellecer este suelo
con bendiciones del cielo
que en abundancia tendremos.

Tendremos mucho que hacer,
plantando y edificando,
y a los que van regresando
de las tumbas, atender.
¡Qué regocijo poder
recibir a los amados
que hoy se encuentran sepultados,
como semilla en reserva,
que brotarán como yerba,
pero no serán cortados!

Ver esa resurrección
será algo maravilloso;
¡cuántas lágrimas de gozo
despedirá el corazón!
Sentiremos la emoción
que jamás hemos sentido;
y lo que hayamos sufrido
o hasta entonces sufriremos,
Dios quiere que lo dejemos
en el mismísimo olvido.

Si, no vendrá al pensamiento
memorias de malos ratos,
recuerdos de los maltratos
o de cualquier sufrimiento.
Estaremos tan atentos
a tantas ocupaciones,
que no tendremos razones
para mirar al pasado;
al despreciable y odiado
mundo de desilusiones.

Ya no habrá el mar agitado
con sus feroces tormentas
ni aquellas olas violentas
del crimen organizado.
No habrá un marino aferrado
a un dislocado timón
de un barco sin dirección
zigzagueante en alta mar;
porque el que va a gobernar
gobernará a perfección.

Jesús supo reprender
una vez al mar violento
y hasta la furia del viento,
estuvo que obedecer.
Jehová le dio ese poder
para la gobernación,
y con aquella lección
podemos asegurar
que hasta la tierra y el mar
le estarán en sujeción.

Aquellos milagros fueron
prototipos de verdades;
espejos de realidades
que aquellos profetas vieron.
En visiones conocieron
las maravillas futuras,
y en su infalible escritura
también dejaron previsto:
que el Reino de Jesucristo
la vida eterna asegura.

Si, lucha por escapar
del mundo de oscuridad
y enderece la verdad
tu manera de pensar.
Si tú te dejas moldear
por el Divino alfarero,
su Reino estará primero
en el curso de tu vida
y tendrás la bienvenida
en el mundo venidero.

¿CÓMO SERÁ LA VIDA
EN EL NUEVO MUNDO?
IMAGINÉMOSLO
A CONTINUACIÓN
EN: REALIDADES
DEL MAÑANA.

La vida en el N Mundo

¿Cómo será el Nuevo Mundo?
Habrá lagunas y ríos,
árboles grandes, sombríos,
el mar gigante y profundo.
Allí, ni un solo segundo,
nadie sufrirá tristeza;
porque dice la promesa
que nada causará espanto,
no más angustias ni llanto
ni vestigio de pobreza.

Me imagino que entre casas,
a una distancia prudente,
ver frutales diferentes
para el bien de toda raza.
Ninguna fruta es escasa;
hay sobreabastecimiento,
y no hay ningún alimento
por algo contaminado,
el aire purificado
y todo el mundo contento.

No se pierde una cosecha
por lluvia ni por sequia,
y tiene la garantía
al plantarla, como hecha.
No hay la mínima sospecha
de que sufra algún plantío;
porque se derrame un rio
o aparezca un huracán,
ni plagas que dañarán
o las tormentas de frio.

En él ya nadie envejece,
ya no hay arrugas ni canas;
todos trabajan con ganas
y la juventud florece.
Su vigor rejuvenece;
nadie se enferma ni muere
y cada persona quiere,
demostrando su bondad,
fortalecer la hermandad
con el amor que requiere.

Sin temer un accidente
y a ningún pez iracundo,
se puede bucear profundo
en ese mundo inocente.
Explorando cabalmente
la belleza submarina;
cada jardín que fascina
bajo de la mar serena,
sobre la roca y arena
por donde el cobo camina.

Será un placer singular
nadar sobre los corales
entre tantos animales
de colores en el mar.
El poder fotografiar
sus paisajes sin temor,
disfrutar del esplendor
de la belleza que encierra;
tantas como hay en la tierra,
¡toda una expresión de amor!

Caminar cada montaña
sin el temor de una fiera
sin preocuparnos siquiera
el picazo de una araña.
Cualquier cascada nos baña
con agua purificada.
No hay fuente contaminada;
cada río es cristalino
de donde bebe el felino
y toda bestia amansada.

Se escucha el cantar del ave,
la música del arroyo
y las ramas dan su apoyo
al pasar la brisa suave.
El sinsonte con su clave
orquesta como asistenta,
con sus himnos alimenta
ese espíritu agradable
de la fauna saludable
que siempre le escucha atenta.

Recorro todo el planeta
y no encuentro un hospital,
ni algún médico especial
con una ciencia secreta.
Nadie tiene una escopeta
que se use para cazar;
y se acabó el entrenar
a hombres para defensa
porque una paz tan inmensa
nada la puede estropear.

Poder viajar dondequiera
sin la mínima inspección,
es una gran bendición
que a los mansos les espera.
Sin guardias en la frontera
para el sur o para el norte;
un maravilloso aporte
que el nuevo mundo traerá
porque en él se viajará
sin visa ni pasaporte.

¡Si no hay ningún delincuente!
¡Por eso no hay policías!
No existen las tiranías
que oprimían tanto a la gente.
Cada uno lleva su frente
erguida con dignidad,
sin un rasgo de maldad
de aquella funesta herencia;
como premio a la obediencia
disfrutan de libertad.

Ningún niño es abortado
por presiones de pobreza;
hay abundante riqueza
y ningún necesitado.
No hay un solo desempleado
para ponerse a pensar:
«cuánto costaría educar
a un hijo para que fuera
brillante en una carrera
que nos pueda compensar»

No hay preocupación por eso;
es gratis la educación
para cualquier profesión
del mundo siempre en progreso.
Para nadie hay un tropiezo
que obstruya alcanzar su sueño
poniendo todo el empeño
trabajando sin reverso
cuando todo el universo
lo administrará su dueño.

Podremos desarrollar
nuestras mentes talentosas
y descubrir muchas cosas
que nos van a fascinar.
Nos vamos a deleitar
con cada descubrimiento
que estimule el pensamiento
a seguir investigando
y con estudio formando
un sólido fundamento.

Ese talento o virtud
que quizás dormido tienes
en tu mente o en tu genes
despertará con salud;
al recobrar juventud
y desarrollar la ciencia,
dándole la preferencia
a alabar al Dios de amor
como el magnífico autor
y Gran Rey por excelencia.

También debo mencionar
otro rasgo de ese mundo:
podré meditar profundo
que nada me va a estorbar.
Feliz ha de terminar
cada obra comenzada
sin que se interponga nada
que disuada la atención
ya que toda, a perfección,
ha sido planificada.

Toda la tierra vestida
de una eterna primavera
luce como si quisiera
embellecer más la vida.
No hay una región perdida
convertida en un desierto,
porque es parte de ese huerto,
hermosamente plantado;
de muchas aves poblado
para formar un concierto.

Cada desierto decrece
creando la vegetación
y aquella árida región
con los días desaparece.
Cada planta allí florece
como expresión de alegría.
Ya no sufren de sequía
inundación ni una plaga;
por allí nadie divaga
triste, con la noche fría.

No hay familias en tirones;
la paz reina en cada hogar,
y a los que se han de casar
las mejores condiciones.
Nadie vive de ilusiones
y muere de desengaño,
porque peldaño a peldaño;
como quien sube a la gloria,
se ensancha nuestra memoria
con victorias de año en año.

Las casas, ni que decir,
como las hemos soñado;
sin llevar un enrejado
para felices dormir.
Y ver las flores abrir
en cada hermosa mañana.
Sentir que nadie se afana
por algo con ansiedad
es disfrutar en verdad
de vida segura y sana.

No se pierden los talentos
brillantes de los artistas,
cantantes y guitarristas
o de tantos instrumentos.
No se escucharán lamentos;
jamás volverá ese día.
Llevarán plena alegría
a toda la humanidad
con la musicalidad
de tan bella sinfonía.

La Tierra ya no abrirá
la boca para tragar
el bello don de cantar
que se perfeccionará.
Tampoco se llevará
a los genios musicales;
esos dones especiales,
tan finos, tan delicados,
y por siempre dedicados
a deleitarnos con tales.

Por ninguna causa muere
nadie en todo este planeta;
hay una salud completa
y uno tiene lo que quiere.
Ninguna palabra hiere,
como si fuera estocada,
porque, además de educada,
toda persona desea
que cada vecino sea
como su familia amada.

Jamás oiremos decir:
perdimos un gran pintor,
algún músico o cantor
porque tenga que morir.
Nos va a deleitar oír
algunos que se marcharon;
no porque su voz gravaron
en un disco y se guardó,
fue porque Dios los llamó
de su tumba y despertaron.

Si, muchos hombres de ciencia
del polvo se levantaron,
de ese hoyo donde esperaron
en su completa inconsciencia.
Ahora tienen existencia
por toda la eternidad;
mientras que guarden lealtad
y continúan progresando
en sus dones y alabando
a Dios por tanta bondad.

Es esta pequeña vista,
de ese mundo tan hermoso
acicate poderoso
para alcanzar su conquista.
Cual abnegado alpinista
escalando una montaña,
venciendo toda artimaña
que se quiera interponer
vamos a prevalecer
porque ese premio no engaña.

Claro que no lo logramos
por nuestra fuerza y saber;
necesitamos poder
que a Dios se lo suplicamos.
Él quiere que persistamos
en pedirle fortaleza,
para que nuestra entereza
se apoye en su fuerza activa
y mantenga la fe viva
en su infalible promesa.

Toda la gloria y honor
a quien debo mi existencia;
a Jehová, el Dios de la ciencia,
de la vida y del amor.
Al Magnifico Hacedor
de un mundo tan agradable.
Por hacer la vida estable,
poner fin al sufrimiento
y borrar del pensamiento
los recuerdos miserables.

¿Para qué un ambientalista?

¿Para qué un ambientalista
que vigile el medioambiente?
Porque de Oriente a Occidente
se engrandece la conquista.
Será un placer a la vista
lo bello de la creación,
del Nuevo Mundo en acción
sin advertir un tropiezo
que afecte nuestro progreso
por la contaminación.

Ya no hay químicos letales
que al oxigeno envenenen,
lagos y ríos que contienen
esas aguas residuales.
Y se llenan los panales,
en variedad de sabores,
de miel que aportan las flores,
sin que sean contaminadas,
al tiempo de ser libadas
como en tiempos anteriores.

Tampoco se queja el mar,
los peces, aves y ríos
por aquellos días sombríos
que se sentían arruinar.
Ya nadie suele arrojar
los deshechos en su ceno;
ni el abundante veneno
que arrojaban las industrias
y arruinaban a las nutrias
como las llamas al heno.

Tampoco vuela una nave
quemando estelas de ozono
ni se echa en tierra el abono
que con el subsuelo acabe.
Porque ha tomado la llave
la Nueva Administración
con una larga visión
para ensanchar la conquista
del Mayor Ambientalista;
el Amo de la creación.

Viajé, al mundo por venir

Usé la imaginación para viajar al futuro
y quedé maravillado de lo que mis ojos vieron:
unidas todas las razas y trabajando muy duro,
por un mundo diferente a aquel que sobrevivieron.

Todos quieren transformar a nuestro planeta herido
en un parque muy hermoso, desde oriente hasta occidente,
donde todo hombre se sienta amablemente acogido
en un ambiente de paz y justicia permanente.

Las casas bien construidas, de diferentes modelos,
a distancias moderadas y rodeadas de jardines,
con las flores más hermosas, como mandadas del cielo,
y entre sus ramas trinaban sinzontes y tomeguines.

Pero me quedo asombrado cuando veo niñas y niños
jugando entre las panteras; corderitos con leones,
como si fueran mascotas criadas con mucho cariño.
Ante aquello alguien me dijo: «no son alucinaciones»

Cuando en eso un jovencito que me llevaba en tamaño,
vino a mi encuentro feliz para hospedarme en su casa;
pensé que no confiaría, puesto que yo era un extraño.
Con su mascota, un leopardo, me llevó y me dijo: pasa.

Había una mesa servida con manjares especiales,
jugos y vinos dispuestos, como una celebración.
Frutas dulces y olorosas de países tropicales
para el almuerzo y se hizo una sentida oración.

Almorzamos unos treinta, y unos cuantos invitados;
mayormente la familia, desde el menor al mayor.
Todos eran muy amables, estaban bien educados.
Les pregunté por los padres, si habían muerto, a lo mejor.

«Amigo, aquí nadie muere- el joven me contestó-
nadie sufre, nadie enferma; no hay médicos ni hospitales,
no hay guerra ni terrorismo, todo aquello se olvidó.
No hacen falta funerarias ni discursos funerales»

Atónito pregunte: «buen amigo no se ofenda
¿es que el papá los dejó?» «Creo que usted no sabe nada;
los cónyuge son leales, jamás hay una contienda.
Soy padre de esta familia, y ésta es la madre, mi amada»

Era demasiado joven para una familia así;
pensé que estaba bromeando y le pregunté: «muchacho,
dime ¿cuántos años tienes?» «Bueno desde que naci
solo tengo mil trescientos» y me dije: «está borracho»

Pero no estaba borracho, me había dicho la verdad.
Su esposa era encantadora, reflejaba la pureza;
parecía muy jovencita y tenía la misma edad.
Todos eran muy felices, no conocían la tristeza.

Yo quise rentar un carro. Pregunté por la ciudad,
dónde pudiera viajar para estar más informado.
Me condujo a su cochera y un coche de calidad
me brindó aquel campesino, por seis caballos tirados.

Parecía un coche de rey, con asientos muy lujosos,
con su techo convertible y bordes bien adornados;
todo un carruaje brillante de nobles y generosos
con aquellos seis caballos perfectamente equipados.

Nos subimos en el coche y feliz me dijo: vamos,
daremos un recorrido pero no verá ciudades
ni autos para rentar; en nuestros coches viajamos,
seguros; no contaminan ni causan dificultades»

Nos fuimos por terraplenes, entre bosques y frutales;
peras, higos, manzanales en flores y otros maduros.
Piñas, payas, melones; esplendidos naranjales,
viñedos. Todo en secciones; muchas frutas tropicales.

Cada casa que veía era una hermosa mansión,
todas tenían su cochera y reinaba la alegría.
No vi rejas ni candados; para ello no había razón.
No habían ladrones dañinos, ni existía la policía.

Pregunté: «¿y la policía, solo opera por la noche?»
«¿La policía? ¿Para qué? En eso nadie ha pensado.
Si alguien comete un delito, por Dios será ejecutado»
Me contestó muy tranquilo, sin el mínimo reproche.

Pregunté: «¿no hay tribunales?» « Señor, no se necesitan,
calabozos ni prisiones ni existen maquinaciones
para hacer cosa odiosas; se hacen buenas que persistan,
y beneficien a pleno las nuevas generaciones»

«Y de noche, ¿no hay peligro por causa de alguna fiera?»
«Nadie conoce las fieras. Los animales son mansos;
entre ellos mismos y el hombre hay amistad verdadera.
En cualquier parte del bosque puedo dormir y descanso»

Tanto como emocionado yo me encontraba perplejo:
no rejas ni cerraduras, ni fieras, ni policías;
no hay prisión ni calabozos ningún enfermo ni viejo,
ni médico ni hospital, no hay brujos ni hechicerías.

Pero seguí investigando cosas que me hacían pensar:
«¿Cómo fumigan las plantas sin dañar el medio ambiente?»
«Aquí no hay plagas, amigo, como usted puede notar,
las plantas nacen muy sanas y así crecen felizmente»

«Producen al cien por ciento toda cosecha, mi amigo:
el plátano, el marañón, el aguacate y el mango
y todo lo que hemos visto, como la cebada, el trigo;
muchísimos frutos más con calidad de alto rango»

Yo estaba maravillado, como quien está soñando,
y le dije: «amigo mío, este mundo es codiciable,
¿no temen que otra nación un ataque esté planeando?»
Me contestó muy tranquilo: «toda nación es confiable»

«El planeta está habitado solo con gente que ama
a su prójimo, a la vida, desde un extremo hasta el otro.
Nadie lucha por poder, ni por su gloria ni fama;
y a donde quiera que vaya verá paz en cada rostro»

No he visto una discoteca ¿No se divierten aquí?
«La discoteca era un nido de maldad y de violencia,
pero si, nos divertimos, más que el mismo colibrí;
felices porque hay amor, y florece la inocencia»

«Contamos con la mejor música que nos divierte,
cantamos, también danzamos. Tenemos declamadores,
y muchas maneras más que hacen los amigos fuertes
y respiramos amor en nuestros alrededores»

Mientras el coche avanzaba era delicia mirar
el campo verde vestido de una bella primavera.
La dulce brisa mezclada con un aroma sin par
me animaba a continuar para contar lo que viera.

Cruzando un espeso bosque vi una pareja de osos.
Nos hicieron detener y me asusté demasiado.
«No temas, no te harán daño, es que son muy cariñosos»
Me dijo mi compañero al verme tan asustado.

El cochero se bajó, lo que yo no imaginaba,
los abrazó y con palmadas los dos osos se marcharon.
Pero luego apareció una imponente manada
de tigres con ovejas que de verdad me aterraron.

Las ovejas jugueteando con aquellos animales,
aun los tiernos corderitos, sin una pizca de miedo;
jugaban con los leones, con panteras y chacales.
Yo estaba petrificado, sin poder mover ni un dedo.

«Y ¿de qué manera riegan el agua a las plantaciones?
No he visto siquiera un sistema de irrigación»
«Porque no se necesitan. Tampoco hay inundaciones.
La lluvia viene a su tiempo y en debida proporcion»

«Cuando viene la sequia ¿tienen agua reservada?»
«Aquí eso no se conoce, todo el tiempo es favorable,
y la tierra, como has visto, está bien fertilizada.
Divinamente ordenado, nuestro clima es muy estable»

«Dime ¿cómo se protegen de las heladas y nieve? »
«Amigo no te das cuenta que nuestro mundo es perfecto?
No hay temor por las heladas ni a la lluvia cuando llueve;
ni tornados, terremotos, ni tsunami que se eleve»

A lo largo de aquel viaje le pregunté a mucha gente,
casi las mismas preguntas, y otras que me preocupaban,
y respondieron igual. !Qué mundo tan diferente!
Al fin los pueblos lograron aquel mundo que soñaban.

Un tigre de mascota

¿Se imagina un día tener,
de mascota, alguna fiera:
un tigre, una pantera
que no lo valla a morder?
¿Ver a los niños correr
entre chitas y leones,
que siempre están juguetones,
disfrutando la amistad
del hombre, la libertad,
y otras tantas bendiciones?

¿Ver el hermoso verdor
de los campos de mañana;
bien vestida la sabana
con el traje del amor?
¿Aspirar el rico olor
de sus bellísimas flores,
escuchar a esos cantores
que embellecen el paisaje
con su hermosísimo traje
de variedad de colores?

¿Ver como la suave brisa
va acariciando las copas
de los árboles cual tropas
que el comandante revisa?
¿Allá en el rio la sonrisa
de sus aguas cristalinas,
donde ya no se ven ruinas
por arrojarles basura,
dando a la piscicultura
un ambiente que fascina?

¿Se imagina caminar
por la selva sin la intriga
de que una bestia enemiga
lo pudiera devorar?
¿Que lo acompañe un jaguar,
cualquier animal salvaje,
que al palpar su fino traje
no encuentre ninguno herido,
con elegancia vestido,
como si fuera de viaje?

¡Los lobos y las manadas
de leones y chacales
se han hecho amigos leales,
toda una familia amada!
Ninguna cebra asustada
en presencia de un león,
ni late su corazón
si un tigre se avecina
pues sabe que no maquina
la más mínima agresión.

Se multiplican y crecen
las aves con garantía;
se acabó la cacería
y por nada se entristecen.
Tampoco desaparecen
sus nidos por las tormentas.
Saludables y contentas
entonan sus melodías
llevando sus alegrías
a las que escuchan atentas.

Sus plumajes, como flores,
los campos van adornando
y va la lluvia regando
sin torrentes detractores.
No más aquellos horrores
por las aguas torrenciales,
que causaban muchos males,
muertes y dolor profundo
en el diabólico mundo,
mundo inmundo de rivales.

Si a usted le gusta bucear
entre canales marinos,
no escuchará aquellos
trinos, pero se va a deleitar.
Cuando comience a observar
la belleza submarina,
su arena variada y fina,
peces de gran colorido
y sus jardines floridos
bajo el agua cristalina.

Pero baje desarmado,
no lastime su recreo;
el placer será un trofeo
como no se ha imaginado.
Baje seguro, confiado,
a cualquier profundidad.
No esté en temor ni ansiedad,
allí ni una sola vez,
porque se le acerque un pez
con mucha amabilidad.

Entonces el tiburón
o cualquier depredador,
podrá ser nuestro asesor
en su profunda región.
No estaremos en tensión
si vemos una manada
que se acerca dislocada
en su modo de nadar;
es porque viene a jugar,
sin temor, está confiada.

El cariñoso delfín,
lo mismo que el tiburón,
nos llenará el corazón,
como lo hace el tomeguín.
Los niños podrán, al fin,
juntos con ellos nadar
y felizmente jugar
en sus aguas transparentes
con los peces obedientes
que pueden acariciar.

Hoy la mente nos transporta
hasta el nuevo Paraíso,
donde no hay un enfermizo
y ninguna madre aborta.
Cada uno se comporta
con debida dignidad.
Ni pizca de falsedad
pudo esconderse en la tierra;
se borró el nombre de guerra
por la invasión de bondad.

Millones de bellas casas
se hacen en cada país,
una faceta feliz
de esta obra que se desplaza
con éxito y no se atrasa;
con copiosas bendiciones,
preparando condiciones
para los que han de volver*
a vida, que al parecer,
serán miles de millones.
Sagradas escrituras, Hechos 24:15*

Haremos ropa y zapato,
de muy alta calidad,
para esa humanidad
que ha dormido largo rato.
Se les dará el mejor trato
a todo resucitado
que será regocijado
inconmensurablemente,
cuando sienta ese ferviente
afecto de sus amados.

¡Cuántas lagrimas veremos
cuando comience ese día;
las lagrimas de alegría
porque ya no sufriremos!
¡Qué gusto cuando abracemos
a nuestros seres queridos,
y cuando escuche el oído
la dulce voz de la madre
y de nuestro amado padre:
mira a mis hijos queridos!

Mire, en su imaginación,
la construcción de edificios,*
bajo el mandato y auspicio
de la alta administración
teocrática, en atención
a los que van a heredar
la tierra, para educar
sus corazones y mentes
de todo sobreviviente
y al que va a resucitar.
Sag. Escritura, Isaías 65:21-23*

También imagine ver
a un amigo envejecido,
por completo revestido
de juventud y poder.
En su rostro no tener
una arruga, ni manchado,
como huellas del pecado
que a nuestra vida ha deshecho
con el único derecho
de terminar triturados.

Pregunte a la muchedumbre,
esa que está imaginando,
si alguno se está quejando
por que sienta pesadumbre.
Si se nota incertidumbre
cuando una acción se precisa
o si nota a alguien de prisa,
porque el tiempo no le alcanza,
cuando en la hermosa esperanza
de vida hay una sonrisa.

Este es un dato curioso,
que no haya un precipitado
por el tiempo limitado
trabajando sin reposo.
Trabajar será gozoso
con todo lo requerido,
usando el tiempo debido
para cada asignación,
libres de la agitación
tan torpe que hemos vivido.

Tenemos la eternidad,
ya no hay por qué del apuro,
cada trabajo es seguro
porque no hay rivalidad.
Se trabaja en unidad,
todo en el tiempo preciso
y Dios cumple el compromiso
que hizo para los humanos:
todos los pueblos hermanos
en un feliz paraíso.

Otra cosa interesante,
en mi largo recorrido
del planeta, no he podido
ver a ningún vigilante.
No hay un ambiente estresante,
ni nadie con depresión.
No hay soldados ni prisión;
abunda la mansedumbre
y las mejores costumbres
le dan gusto a la región.

No hay prisión ni policías,
porque no hay ni un delincuente
ni ocurre un solo accidente
que atropelle la alegría.
No hay una sonrisa fría,
que provoque algún dolor.
Se hace sentir el calor
del afecto y del cariño
entre el adulto y el niño
en un ámbito de amor.

Brotan de los manantiales,
divinos, salud y vida;
y no hay un alma sufrida
que venga a contar sus males.
No existen los hospitales,
nadie se enferma de nada.
No hay madres desamparadas
ni niños abandonados;
eso quedó en el pasado,
¿y la muerte? Eliminada.

La muerte misma murió;
la muerte por el pecado,
la que habíamos heredado
de quien desobedeció.
Con ella se sepultó
la vejez con las maldades.
Todas las enfermedades
y no hace falta doctores
para curar sus dolores
para todas las edades.

También pude descubrir
que por amor y decoro
nadie hace sangrar a un toro
para hacernos divertir;
ni un vaquero va morir
desgarrado por los cuernos.
Si conocemos los tiernos
cariños que Dios nos tiene
veremos que no conviene,
es ofender al eterno.

Muchos han muerto, toreando,
en los cuernos homicidas
de quien defiende su vida
cuando lo están lacerando
ante un público gritando
al ver a un hombre morir.
Cuando deja de latir
el corazón del torero,
muchos toman su dinero
y se van a divertir.

Por eso no pudo ver,
mi corta imaginación,
semejante diversión
en un mundo de placer.
Pero sí veo florecer
la paz, el amor y vida,
porque no hay nadie suicida,
en todo este firmamento
con un deporte violento
entrenando un homicida.

La tierra es un almacén
que tiene al hombre contento,
por su abundante alimento
para todos en Edén.
Nadie puede decir quien
esté sufriendo pobreza.
Nadie refleja tristeza,
como en el mundo anterior,
porque nuestro Dios de amor
ha cumplido su promesa.

No me he encontrado siquiera,
un casucho de cartón,
con el techo de latón
y recortes de madera;
que la lluvia escampe afuera
primero que en su interior,
como una escena de horror,
en que los pobres vivían
cuando de hambre se morían
soñando un mundo mejor.

Imagine que placer
será viajar por el mar,
sin temor a naufragar
o que se vaya a perder.
A corta distancia ver
los animales marinos,
cerrándonos el camino,
porque están de juguetones,
ballenas y tiburones,
seguros de su destino.

Nuestro mar, azul, sereno,
nos invita a un recorrido
para mostrar que ha podido
eliminar el veneno
que el hombre arrojó en su seno,
arruinándole la vida.
Volvió a sus playas queridas,
como era originalmente,
a sus aguas transparentes
y sus arenas pulidas.

La abeja trabajadora
sigue libando, libando,
y sus panales llenando
con rica miel que elabora.
Está feliz, porque ahora
ninguna plaga la arruina.
La miel no se contamina
con los químicos letales,
que regaban a raudales
las industrias asesinas.

¿Se ha puesto a reflexionar
en lo que el hombre ha logrado?
Cuando no esté limitado
¿ a dónde podrá llegar?
Es difícil de mirar
con nuestra imaginación
lo que hará en la perfección,
sin ninguna interferencia
al desarrollar la ciencia
en cualquier innovación.

No estudiará con afán,
porque el tiempo no le alcance
ni les preocupa el avance
porque no competirán.
Las metas se alcanzarán,
a corto o a largo plazo.
Nadie temerá al fracaso
por alguna enfermedad,
pues toda una eternidad
de vida le abre los brazos.

Cualquier oficio que quiera,
cualquier carrera emprender,
solo tiene que tener
motivación verdadera.
Elegir cualquier esfera
en la ciencia o en las artes.
Viajar de la tierra a Martes*
o a Venus de vacaciones;
en optimas condiciones,
bien pudiera ilusionarte.

Las últimas cuatro líneas*
mi propia especulación.

No hay nada contaminante
que nos dañe el medioambiente;
esta vida es diferente,
es un mundo fascinante.
No se ve un solo estudiante
con una meta egoísta.
Ni vemos ningún artista
siendo el centro de atención,
procurando la ovación
por su notable conquista.

Las compañías que mandaban
aviones a fumigar,
no se podían percatar
del daño que nos causaban.
Las abejitas mataban,
se extinguían las mariposas;
y otras especies hermosas
que coloreaban la vida,
también fueron extinguidas
por sustancias venenosas.

Veo que la familia es
un algo maravilloso,
donde dirige el esposo
con toda la sensatez.
No hay vestigio de altivez;
hay paz, cariño, candor.
¡Es un refugio de amor,
donde la felicidad
despliega su actividad
desde su mismo interior!

Ponga su imaginación
en las nuevas condiciones
para que vea bendiciones
derramadas a montón.
La dulce meditación
que a su corazón le ofrezca,
logrará que su fe crezca
para sentirse seguro
del nuevo mundo futuro
cuando este desaparezca.

CONTRASTE CON EL MUNDO ACTUAL

Logros y ruinas

Han sido espectaculares
los triunfos en su camino,
fabricando submarinos
que portan armas nucleares.
Bajan, bien hondo en los mares,
ocultos bajo su techo,
transportando su pertrecho
navegando muy profundo,
al otro lado del mundo
para arruinar sin derecho.

En aviones sin pilotos,
al enemigo han cazado
por sorpresa, y bombardeado;
después de sacarle fotos.
Para esto no doy mi voto,
pero hasta un ciego vería
lo que la tecnología
ha sido capaz de hacer:
hasta un robot con poder
para efectuar cirugías.

Desde muy alto en el cielo,
la tierra fotografían
y sus fotos nos envían
para causarnos desvelo.
Nos dicen que a nuestro suelo
le va de mal en peor.
Que no es nada halagador
lo que ven que se aproxima,
un futuro que da grima,
triste, desconsolador.

Han puesto equipos en Marte,
ponen un hombre en la Luna
y la Tierra, nuestra cuna,
es un horrible desastre.
La angustia está en todas partes,
el mal sigue progresando.
El hombre sigue innovando
cosas complejas, profundas,
mientras deja que se hunda
el hogar que está habitando.

Incontables primaveras

Amor, tú serás feliz, enteramente,
cuando nada te entristezca un pensamiento
en el mundo que se acerca velozmente ;
de profundos y sólidos cimientos.

Cuando vengan esos tiempos tan deseados,
con sus bellas primaveras incontables,
que los hechos tristes no sean recordados;
gozaremos la vida segura y estable.

Cuando la Tierra se vista de ternura,
cuando el amor nos abrigue con su manto,
cuando no tengan lugar amarguras,
cuando ningún corazón sienta quebranto.

Ningún rio se quejará por suciedades;
beberemos sus aguas cristalinas,
seguirá la vida con sus variedades
y todos tendremos juventud genuina.

Dinámica juventud disfrutaremos
y jamás sentiremos un achaque.
Para siempre el dolor olvidaremos,
y de nadie sufriremos un ataque.

Se marcharán las arrugas y las canas
y su lugar lo ocupará la juventud;
como si el sol que da vida a las mañanas
robusteciera con su fuerza la salud.

En cada flor podrás notar mucha alegría
y en cada parte que vuelvas la mirada
percibirás el amor y simpatía;
hasta en la misma creación inanimada.

¡Qué injusta desigualdad!

¡Qué injustas las murallas de riquezas
que separan a dos almas que se aman!
¡Qué triste es este mundo de pobreza
donde los justos la igualdad reclaman!

Entre una niña y un niño una muralla
se levantaba arrogante ante sus ojos,
pero el amor verdadero que no falla
consolaba a los dos en sus enojos.

La niña contaba con mucha riqueza,
y con un corazón henchido de amor;
el niño creció sumido en la pobreza,
pero muy generoso, un hombre de honor.

Disfrutaban del ambiente campesino,
de las flores y caballos que montaban.
Despertaban con el canto matutino
de las muchas aves que al campo alegraban.

El cortaba alguna flor para la niña
y velaba la ocasión para entregarla.
Al tiempo que paseaba en la campiña
le entregaba la flor al saludarla.

Aquel instante prohibido y agradable,
bajo el riesgo de un castigo por amar.
Aquella flor, un recuerdo inolvidable,
que ella siempre trataba de ocultar.

Pero aquel cándido amor se hizo tan fuerte
que pudieron vencer la oposición;
no cedieron ni al destino ni a la suerte
para que su sueño no fuera una ilusión.

Y lograron unir sus corazones
para amarse con tanta intensidad
que unidos juraron no admitir razones
que los separaran por la eternidad.

Se trataban uno al otro muy atentos,
a pesar de los embates de la vida.
Fueron fieles en cumplir su juramento
y no aceptaron, jamás, la despedida.

Aquellos seres envejecieron junto,
tan unidos, por amor muy especial;
con cariño arreglaban sus asuntos
demostrándose lealtad hasta el final.

Su cabello emblanquecido como nieve
y sus rostros marcados por los años,
testifican de un amor que fue tan breve;
tierno, cándido, leal, sin desengaños.

El esposo un día llegó del campo, triste,
y despacio a su recámara se asoma;
cuando exclama: «¡No me digas que te fuiste!
¡Por favor abre tus ojos mi paloma!»

Pero su amada no responde, se haya inerte,
ya no late el corazón que tanto amaba;
se ha rendido en los brazos de la muerte
que a la casa del silencio la llevaba.